Samuel Beckett
Erste Liebe

Insel Clip

25

Erst im Jahre 1970 veröffentlichte Samuel Beckett seine 1946 in französischer Sprache geschriebene Kurzgeschichte ›Erste Liebe‹ unter dem Titel ›Premier Amour‹.

Der Erzähler, ein junger Mann von fünfundzwanzig Jahren, berichtet, wie er aus einem Haus geworfen wird, aus dem Haus seines Vaters, nachdem der Vater verstorben ist. Die Frau, mit der er wenig später zusammenlebt, heißt Lulu, später nennt er sie Anna. Er hat sie auf einer Bank am Ufer eines Kanals kennengelernt. Die Stadt – das ist Dublin.

Lulu ist eine Prostituierte, sie verführt ihn, er läßt sich bei ihr häuslich nieder, und als sie ihm kundtut, daß sie schwanger ist, verläßt er Hals über Kopf das Haus.

»Ich habe von Heirat gesprochen, es war immerhin eine Art Zusammensein«, sagt er, als er im Begriff ist, zu gehen. Eine merkwürdige Parallele: Der Erzähler verliert durch des Vaters Tod Heim und Familie und entzieht sich einer neuen Familiengründung mit Anna. »Ich hätte anderer Lieben bedurft, vielleicht«, meint der Erzähler schließlich, »aber Liebe gibt es nicht auf Verlangen.«

Das Thema »Erste Liebe« wird für Beckett zum Thema einer vehementen Befreiung. Auch diese Erzählung läßt seine erzählerische Tradition sichtbar werden, seine Verbindung zu Laurence Sterne – bei beiden Erzählern sind Witz und Ironie Ausdruck elementarer Verzweiflung.

Die Erzählung ›Der Ausgestoßene‹, deren Frühfassung im Januar 1947 erschien – die endgültige hier abgedruckte Fassung kam erst 1955 heraus – entstand Anfang Oktober 1946. Es gibt einige verbindende Motive zwischen beiden Erzählungen: etwa der Tod des Vaters, die Verstoßung aus dem Elternhaus, die außergewöhnlichen Leseerfahrungen, eine Reise durch Deutschland. Der Erzähler berichtet, wie er durch seine Geburtsstadt streift, die ihm längst nicht mehr so vertraut ist wie einst. Er setzt sich in eine Pferdekutsche und läßt sich planlos herumfahren, sucht zusammen mit dem Kutscher eine Unterkunft und übernachtet schließlich bei ihm im Pferdestall. Am nächsten Morgen geht er »auf gut Glück Richtung Sonnenaufgang, um so bald wie möglich ins Helle zu kommen«. Er will der Sonne folgen bis in die Welt der Toten.

Samuel Beckett
Erste Liebe
Der Ausgestoßene

Zwei Erzählungen
Aus dem Französischen
von Elmar Tophoven

Insel Verlag

Insel-Clip 25
Erste Auflage 1996
Insel Verlag Frankfurt am Main und Leipzig

Vertrieb durch den Suhrkamp Taschenbuch Verlag
Umschlag von Hermann Michels, unter Verwendung
eines Fotos von Daniel Arsenault
Autorenfoto: Jerry Bauer
Satz: MZ-Verlagsdruckerei GmbH, Memmingen
Druck: Ebner Ulm
Printed in Germany

1 2 3 4 5 6 – 01 00 99 98 97 96

Inhalt

Erste Liebe

Ich bringe meine Heirat, zu Recht oder zu Unrecht, zeitlich in Zusammenhang mit dem Tod meines Vaters. Daß es auf anderen Ebenen andere Verbindungen zwischen diesen beiden Angelegenheiten gibt, ist möglich. Es fällt mir schon schwer, zu sagen, was ich zu wissen glaube.

Ich bin vor nicht sehr langer Zeit zum Grab meines Vaters gegangen, das weiß ich, und ich habe des Datum seines Ablebens abgelesen, nur das seines Ablebens, denn das seiner Geburt war mir einerlei, an jenem Tag. Ich ging morgens weg und kam abends zurück, nachdem ich auf dem Friedhof gevespert hatte. Aber ein paar Tage später, als ich wissen wollte, in welchem Alter er gestorben war, mußte ich mich wieder zu seinem Grab begeben, um das Datum seiner Geburt abzulesen. Diese beiden Grenzdaten habe ich auf einem Stück Papier notiert, das ich in meinem Besitz behalte. So bin ich imstande zu behaupten, daß ich ungefähr fünfundzwanzig Jahre alt gewesen sein muß, bei meiner Heirat. Denn das Datum meiner eigenen Geburt, ich betone, meiner eigenen Geburt, habe ich nie vergessen, ich bin nie genötigt worden, es aufzuschreiben, es bleibt in meinem Gedächtnis eingeprägt, seine

Jahreszahl wenigstens, in Ziffern, die das Leben schwerlich zu tilgen vermag. Auch den Tag finde ich wieder, wenn ich mir Mühe gebe, und ich feiere ihn oft, auf meine Weise, ich behaupte nicht, jedesmal, wenn er wiederkehrt, nein, denn er kehrt allzu oft wieder, aber oft.

Ich persönlich habe nichts gegen Friedhöfe, ich gehe da recht gern spazieren, lieber da als anderswo, glaube ich, wenn ich schon ausgehen muß. Der Geruch der Leichen, den ich unverkennbar unter dem des Grases und des Mutterbodens herausrieche, ist mir nicht unangenehm. Etwas süßlich vielleicht und zu Kopf steigend, aber wieviel erträglicher als der Geruch der Lebenden, der Achselhöhlen, der Füße, der Gesäße, der wachsigen Präputien und der frustrierten Ovula. Und wenn die Überreste meines Vaters dabei mitwirken, in welch bescheidenem Maße dies auch immer geschehen mag, so fehlt nicht viel, daß ich zu Tränen gerührt bin. Sie mögen sich noch so fein waschen, die Lebenden, und sich noch so fein parfümieren, sie stinken. Ja, laßt mir als Promenaden, wenn man schon ausgehen muß, die Friedhöfe, und geht ihr in den Parkanlagen oder auf dem Lande spazieren. Mein Butterbrot, um nicht von meiner Banane zu sprechen, verzehre ich mit mehr Appetit, wenn ich auf einem Grabe sitze, und wenn ich pissen muß, und das muß ich oft, so habe ich die Wahl. Entweder irre ich, die Hände auf dem

Rücken, zwischen den Steinen, den geraden, den schiefen und den liegenden herum und halte eine Inschriftenlese. Sie haben mich nie enttäuscht, die Inschriften, es finden sich immer drei oder vier derart komische, daß ich mich an das Kreuz oder an die Säule oder an den Engel klammern muß, um nicht zu fallen. Meine habe ich vor langer Zeit schon verfaßt, und ich bin immer noch damit zufrieden, ziemlich zufrieden. Meine anderen Schriften sind noch nicht ganz trocken, da ekeln sie mich schon an, aber meine Grabschrift gefällt mir immer noch. Sie wirft ein grammatisches Problem auf. Es ist leider kaum anzunehmen, daß sie sich je über dem Schädel, der sie verfaßte, erheben wird, es sei denn der Staat kümmerte sich darum. Aber um mich exhumieren zu können, wird man mich zuerst finden müssen, und ich befürchte sehr, daß der Staat ebensoviel Mühe haben wird, mich tot zu finden wie lebendig. Darum beeile ich mich, sie an dieser Stelle niederzuschreiben, ehe es zu spät ist:

> Hier ruht, der vor ihm geflohen bis
> zuletzt,
> so daß es ihn nicht früher geflohen
> als jetzt.

Es ist eine überzählige Silbe in dem zweiten und letzten Vers, aber das macht nichts, meiner Meinung nach. Man wird mir mehr als das verzeihen, wenn ich nicht mehr da sein werde. Und mit ein wenig Glück stößt man auf eine richtige Beerdigung mit trauernden Lebenden und zuweilen einer Witwe, die sich ins Grab stürzen will, und fast immer hört man die schöne Geschichte von dem Staub, obgleich mir aufgefallen ist, daß nichts weniger staubig ist als solche Löcher, es ist fast immer recht fette Erde, und der Verstorbene droht auch noch nicht gleich zu zerstieben, wenn es sich nicht gerade um einen Verkohlten handelt. Es ist trotzdem ganz schön, das kurze Theater mit dem Staub. Aber an dem Friedhof meines Vaters lag mir nicht soviel. Er war zu weit weg, ganz weit draußen, am Hang eines Hügels, und auch zu klein, viel zu klein. Er war übrigens sozusagen voll, noch ein paar Witwen und er würde ganz ausverkauft sein. Ich zog Ohlsdorf bei weitem vor, besonders das Linnesche Friedhofsgelände, auf preußischem Boden, mit seinen vierhundert Hektar dicht übereinander geschichteter Leichen, obgleich ich dort niemand kannte, außer dem Tierbändiger Hagenbeck, nur vom Hörensagen. Auf seinem Grabmal sieht man, glaube ich, einen aus Stein gehauenen Löwen. Der Tod mußte wohl das Gesicht eines Löwen haben, für Hagenbeck. Autobusse kommen an und fahren ab; sie sind zum Bersten voll mit Witwern, Witwen und Waisen. Wäldchen, Grotten und Teiche mit Schwänen spenden den Betrübten Trost. Es war im Dezember, ich habe nie so arg gefroren, die Aalsuppe war mir nicht bekommen, ich hatte Angst vor dem Tod, ich blieb stehen, um mich zu übergeben, ich beneidete sie.

Aber um nun zu einem weniger traurigen Thema überzugehen, beim Tode meines Vaters mußte ich das Haus verlassen. Er wollte immer, daß ich zu Hause bliebe. Er war ein sonderbarer Mann. Eines Tages sagte er, Laßt ihn doch, er stört niemanden. Er wußte nicht, daß ich zuhörte. Diesen Gedanken sollte er oft äußern, aber die anderen Male war ich nicht dabei. Man hat mir nie sein Testament zeigen wollen, man hat mir nur gesagt, er habe mir soundsoviel Geld hinterlassen. Ich glaubte damals, und ich glaube es noch heute, daß er in seinem Testament verlangt hatte, mir das Zimmer, das ich zu seinen Lebzeiten bewohnte, zu lassen und Essen für mich dorthin zu bringen wie vorher. Das war vielleicht sogar die Bedingung, von der er alles übrige abhängig machte. Denn das Gefühl, daß ich zu Hause war, mußte ihm lieb sein, sonst hätte er nichts dagegen gehabt, daß man mich hinauswerfen wollte. Vielleicht hatte er nur Mitleid mit mir. Aber ich glaube es nicht. Er hätte mir das ganze Haus vermachen sollen, dann wäre ich ruhig gewesen, die anderen übrigens auch, denn ich hätte zu ihnen gesagt, So bleibt doch, ihr seid hier zu Hause! Es war ein riesiges Haus. Ja, mein armer Vater war allerdings auf dem Holzweg, wenn er wirklich die Absicht hatte, mich weiterhin zu beschützen, von Jenseits-des-Grabes aus. Was das Geld betrifft, so seien wir gerecht, sie händigten es mir prompt aus, am Morgen nach dem Begräbnis schon. Vielleicht war es ihnen faktisch unmöglich, es anders zu machen. Ich sagte zu ihnen, Behaltet dieses Geld und laßt mich weiter hier leben, in meinem Zimmer, wie zu Papas Lebzeiten. Ich fügte hinzu, Gott sei seiner Seele gnädig, in der Hoffnung, ihnen Freude zu machen. Aber sie wollten nicht. Ich schlug ihnen vor, mich zu ihrer Verfügung zu stellen, ein paar Stunden pro Tag, für die kleinen Hausarbeiten, deren jedes Haus bedarf, wenn man nicht möchte, daß es zu Staub zerfällt. Instandsetzungsarbeiten wäre auch noch eine Möglichkeit, ich weiß nicht warum. Ich bot ihnen insbesondere an, mich um das Treibhaus zu kümmern. Darin hätte ich gerne drei oder vier Stunden täglich verbracht, in der Wärme, mit der Pflege der Tomaten, Nelken, Hyazinthen und Sämlinge. Nur mein Vater und ich verstanden etwas von Tomaten, in diesem Hause. Aber sie wollten nicht. Eines Tages, als ich von der Toilette zurückkehrte, stellte ich fest, daß die Tür meines Zimmers abgeschlossen war und meine Sachen aufgestapelt vor der Tür standen. So daß Sie sich vorstellen können, wie verstopft ich war, in jener Zeit. Die Angst war der Grund für meine Verstopfung, glaube ich.

War ich denn wirklich verstopft? Ich glaube es nicht. Mal langsam! Mal langsam! Und doch mußte ich es sein, denn wie waren sonst jene langen, qualvollen Sitzungen auf dem Klosett, auf dem Abort zu erklären? Ich las nie, weder dort noch anderswo, ich träumte nicht und überlegte auch nicht, ich betrachtete unbeteiligt den Kalender, der an einem Nagel vor meinen Augen hing, man sah darauf das farbige Bild eines bärtigen jungen Mannes umgeben von Schafen, das mußte Jesus sein, ich zog meine Arschbacken mit den Händen auseinander und drückte, eins! hm! zwei! hm!, mit Ruderbewegungen, und ich hatte nur eins im Sinn, schnell wieder in mein Zimmer zurückzukehren und mich hinzulegen. Das war doch wohl eine Verstopfung, nicht wahr? Oder verwechsele ich es mit Durchfall? In meinem Kopf gerät alles durcheinander, Friedhöfe und Hochzeiten und die verschiedenen Arten des Stuhlgangs. Ich hatte nicht viele Sachen, sie hatten sie auf dem Boden an der Tür aufgestapelt, ich sehe noch den kleinen Stapel, den sie im Dunkel einer Art Nische bildeten, die den Gang von meinem Zimmer trennte. In diesem kleinen, dreiseitig begrenzten Raum mußte ich mich umziehen, ich meine meinen Schlafrock und mein Nachthemd ausziehen und meine Reisekleidung anziehen, ich meine: Socken, Schuhe, Hose, Hemd, Jacke, Mantel und Hut, ich hoffe, daß ich nichts vergesse. Ich versuchte, andere

Türen zu öffnen, indem ich den Knopf herumdrehte und drückte, ehe ich das Haus verließ, aber keine einzige gab nach. Wenn ich ein offenes Zimmer gefunden hätte, so hätte ich mich vermutlich darin verbarrikadiert, nur die Gase hätten mich da hinausgebracht. Ich fühlte, daß das Haus voller Leute war, wie gewöhnlich, aber ich sah niemanden. Ich glaube, daß jeder sich in seinem Zimmer eingesperrt hatte, mit lauschenden Ohren. Dann schnell, alle an die Fenster, unauffällig, hinter den Vorhängen versteckt, beim Geräusch der sich hinter mir schließenden Haustür, ich hätte sie offen lassen sollen. Und schon öffnen sich die Türen und alle kommen heraus, Männer, Frauen und Kinder, ein jeder aus seinem Zimmer, und die Stimmen, die Seufzer, das Lächeln und Händeklatschen, mit den Schlüsseln in den Händen, ein lautes Uff, und dann das Wiederkäuen der Losungen, wenn dies, dann das, aber wenn das, dann dies, eine echte, festliche Stimmung, jeder hat es begriffen, zu Tisch, zu Tisch, das Zimmer kann warten. Das alles ist natürlich frei erfunden, da ich nicht mehr da war. Die Dinge spielten sich vielleicht ganz anders ab, aber was bedeutet schon die Art, wie die Dinge sich abspielen, solange sie sich abspielen? Und all die Lippen, die mich geküßt hatten, die Herzen, die mich geliebt hatten (man liebt doch mit dem Herzen, nicht wahr, oder verwechsele ich es mit etwas anderem?), die

Hände, die mit den meinen gespielt hatten, und die Geister, die mich beinahe besessen hätten! Die Leute sind wahrhaftig sonderbar. Armer Papa, er mußte arg in Verlegenheit sein an jenem Tag, wenn er mich sehen, uns sehen konnte, in Verlegenheit wegen meiner, meine ich. Es sei denn, daß er in seiner großen Weisheit eines Entkörperten weiter blickte als sein Sohn, dessen Leiche noch nicht ganz reif war.

Aber um nun zu einem lustigeren Thema überzugehen, der Name der Frau, mit der ich mich wenig später vereinigte, ihr Vorname war Lulu. Das behauptete sie wenigstens mir gegenüber, und ich weiß nicht, was sie im Sinne gehabt haben mochte, um mich zu belügen, diesbezüglich. Freilich, man kann nie wissen. Da sie keine Französin war, sagte sie, Lulu, nicht Lülü. Auch ich sagte, da ich auch kein Franzose war, Lulu, wie sie. Beide sagten wir, Lulu. Sie ließ mich auch ihren Familiennamen wissen, aber ich habe ihn vergessen. Ich hätte ihn notieren sollen, auf einem Stück Papier, es ist mir unangenehm, die Eigennamen zu vergessen. Ich machte ihre Bekanntschaft auf einer Bank, am Ufer des Kanals, eines der Kanäle, denn in unserer Stadt gibt es zwei, aber ich habe sie nie auseinanderhalten können. Es war eine Bank, an einer sehr guten Stelle, sie lehnte an einem Haufen aus Erde und hart gewordenem Schutt, so daß ich Rückendekkung hatte. Auch meine Flanken waren teilweise in Deckung, dank zwei ehrwürdigen und sogar toten Bäumen, welche die Bank beiderseits flankierten. Wahrscheinlich hatten diese Bäume eines Tages, als sie mit all ihren Blättern rauschten, jemandem den Gedanken an die Bank zugeraunt. Wenige Meter davor floß der Kanal, wenn die Kanäle überhaupt fließen, ich habe davon keine Ahnung, so daß ich auch nicht zu fürchten brauchte, von dieser Seite überrascht zu werden. Und doch überraschte sie mich. Ich hatte mich hingelegt, es war mild, ich schaute zu, wie zwischen den entblößten Ästen, mit denen die beiden Bäume einander über meinem Kopf stützten, und zwischen den Wolken, die keine Decke bildeten, ein Stück bestirnten Himmels erschien und wieder verschwand. Lassen Sie mir einen Platz, sagte sie. Im ersten Moment wollte ich weggehen, aber wegen meiner Müdigkeit und der Tatsache, daß ich nicht wußte wohin, wurde nichts daraus. Ich zog meine Füße also ein wenig unter mich zurück, und sie setzte sich. Es kam zu nichts zwischen uns, an jenem Abend, und sie ging bald weg, ohne noch ein Wort zu mir gesagt zu haben. Sie hatte nur ein paar alte Volkslieder vor sich hingesummt, zum Glück ohne die Worte, und zwar auf eine sonderbar bruchstückhafte Weise, da sie von einem Lied zum anderen hinüberwechselte und zu dem gerade unterbrochenen wieder zurückkehrte, ehe das, was sie letzterem vorgezogen hatte, zu

Ende war. Sie hatte eine falsch klingende, aber angenehme Stimme. Ich ahnte die Seele, die sich schnell langweilt und die nie etwas vollendet, und die einen vielleicht am wenigsten von allen belemmert. Sogar von der Bank hatte sie schnell genug, und was mich betrifft, so hatte ihr ein kurzer Blick gereicht. In Wirklichkeit war sie eine äußerst starrsinnige Frau. Sie kam am nächsten und am übernächsten Tag wieder, und alles spielte sich beinahe in der gleichen Weise ab. Ein paar Worte wurden vielleicht gewechselt. Am darauffolgenden Tag regnete es, und ich glaubte, meine Ruhe zu haben, aber ich täuschte mich. Ich fragte sie, ob sie die Absicht hätte, mich jeden Abend zu stören. Störe ich Sie? sagte sie. Wahrscheinlich betrachtete sie mich. Sie konnte vermutlich nicht viel sehen. Zwei Augenlider vielleicht, und ein wenig Nase und Stirn, nur dunkel, wegen der Dunkelheit. Ich glaubte, es täte uns gut, sagte sie. Sie stören mich, sagte ich, ich kann mich nicht hinlegen, wenn Sie da sind. Ich sprach es in meinen Mantelkragen hinein, und sie verstand es trotzdem. Liegt Ihnen soviel daran, sich hinzulegen? sagte sie. Es ist eben ein Fehler, die Leute anzusprechen. Sie brauchen Ihre Füße nur auf meine Knie zu legen, sagte sie. Ich ließ mich nicht bitten. Ich fühlte unter meinen kümmerlichen Waden ihre runden Schenkel. Sie begann, meine Knöchel zu streicheln. Wenn meine Ferse ihr einen Tritt zwischen die Beine versetzte, sagte ich mir. Man spricht vor anderen vom Hinlegen, und sofort sehen sie einen ausgestreckten Körper. Was mich, meine Wenigkeit, in meinem Königreich ohne Untertanen interessierte, war etwas, von dem die Lage meiner Knochen nur der entfernteste und belangloseste Abglanz war, es war die zerebrale Rückenlage, das Einschläfern der Ich-Idee und der Idee von jenem kleinen Rest lästiger Kleinigkeiten, die man das Nicht-Ich, ja sogar die Welt nennt, aus Faulheit. Aber mit fünfundzwanzig Jahren strotzt der moderne Mann noch von Spannkraft, sogar von sexueller von Zeit zu Zeit, das ist jedermanns Los, auch mir selber blieb das nicht erspart, wenn man sowas überhaupt von Spannkraft strotzen nennen kann. Sie merkte es natürlich, die Frauen wittern einen stehenden Phallus schon, wenn sie noch über zehn Kilometer von ihm entfernt sind und fragen sich dabei, Wie hat der mich überhaupt sehen können? Man ist nicht mehr man selber, unter diesen Umständen, und es ist peinlich, nicht mehr man selber zu sein, noch peinlicher, als es zu sein, was man auch darüber sagen mag. Denn wenn man es ist, weiß man, was man zu tun hat, um es weniger zu sein, wohingegen man, wenn man es nicht mehr ist, irgendwer ist und keine Möglichkeit mehr hat, sich unkenntlich zu machen. Was man Liebe nennt, ist Verbannung, und von Zeit zu Zeit eine Postkarte aus der Heimat, das ist mein Eindruck heute Abend. Als sie fertig war, und als mein eigenes Ich, das gezähmte, sich mit Hilfe einer kurzen Bewußtlosigkeit wiederhergestellt hatte, fand ich mich allein. Ich frage mich, ob das alles nicht frei erfunden ist, ob die Dinge sich in Wirklichkeit nicht ganz anders abgespielt haben, gemäß einem Schema, das ich wohl vergessen haben muß. Und doch bleibt ihr Bild verbunden mit dem der Bank, für mich, nicht der Bank in der Nacht, sondern der Bank am Abend, so daß von der Bank sprechen, so wie sie mir am Abend zu sein schien, von ihr sprechen bedeutet, für mich. Das beweist nichts, aber ich will nichts beweisen. Was die Bank am Tage betrifft, so lohnt es sich nicht, darüber zu sprechen, ich war nie dort, ich verließ sie recht früh und kehrte erst am späten Nachmittag dorthin zurück. Ja, am Tage besorgte ich mir zu essen, und ich machte die Zufluchtsorte ausfindig. Sollten Sie mich fragen, und das möchten Sie sicherlich, was ich mit dem Geld gemacht hatte, das mir von meinem Vater vererbt worden war, so würde ich Ihnen sagen, daß ich nichts damit gemacht hatte, ich behielt es in meiner Tasche. Denn ich wußte, daß ich nicht immer jung bleiben würde und daß der Sommer nicht ewig dauert, und nicht einmal der Herbst, meine bürgerliche Seele sagte es mir. Schließlich sagte ich ihr, daß ich es satt hätte. Sie störte mich nachhaltig, selbst in ihrer Abwesenheit. Sie stört mich übrigens immer noch, aber nicht anders als das Übrige. Übrigens macht es mir jetzt nichts mehr aus, gestört zu werden, oder so wenig, was soll das bedeuten, gestört werden, ich muß es sogar, ich habe das System gewechselt, meine Spielweise, ich kenne den richtigen Trick, es ist der neunte oder zehnte, es ist ohnehin bald alles vorbei, die Störungen, die Klärungen, bald wird man nicht mehr darüber sprechen, weder über Lulu noch über andere, weder über den Dreck noch über den Himmel. Sie wollen also nicht mehr, daß ich komme? sagte sie. Es ist unglaublich, wie gern die Leute wiederholen, was man ihnen gerade gesagt hat, als drohte ihnen der Scheiterhaufen, wenn sie ihren Ohren trauten. Ich sagte ihr, sie sollte von Zeit zu Zeit wiederkommen. Ich kannte die Frauen schlecht, zu jener Zeit. Ich kenne sie übrigens immer noch schlecht. Die Männer auch. Die Tiere auch. Am wenigsten schlecht kenne ich meine Leiden. Ich denke ihrer jeden Tag, aller, es ist schnell geschehen, das Denken geht so schnell, aber sie kommen nicht alle vom Denken. Ja, es gibt Stunden, vor allem nachmittags, da ich mich für einen Synkretisten Reinholdscher Art halte. Welch ein Gleichgewicht. Meine Leiden kenne ich übrigens auch nur schlecht. Das muß daran liegen, daß ich nicht nur Leiden bin. Das ist der ganze Witz. Dann entziehe ich mich ihm und wundere mich über es, bewundere es, wie von einem fernen Planeten aus. Selten, aber das genügt. Gar nicht dumm, das Leben. Nur Leiden zu sein, wie das alles vereinfachen würde! All-Leid zu sein! Aber das liefe auf einen Wettbewerb hinaus, auf einen unlauteren. Ich werde sie euch trotzdem eines Tages nennen, wenn ich daran denke, und wenn ich es kann, meine seltsamen Leiden, in allen Einzelheiten, sie gut auseinanderhaltend, der Klarheit halber. Ich werde euch die des Verstandes nennen, die des Herzens oder die affektiven, die der Seele (entzückend, die der Seele), und dann die des Körpers, die inneren oder verborgenen zuerst, dann die an der Oberfläche, beginnend mit den Haaren und methodisch, ohne Hast, weiter von oben nach unten, bis zum Fuß, dem Ort der Hühneraugen, Krämpfe, Hornhäute, eingewachsenen Nägel, Frostbeulen, Mykosen und anderer Absonderlichkeiten. Und denjenigen, die freundlich genug sind, mir zuzuhören, werde ich bei der gleichen Gelegenheit gemäß einem System, dessen Erfinder ich vergessen habe, die Momente nennen, in denen man, ohne betäubt oder betrunken oder beschwingt zu sein, gar nichts fühlt. Daraufhin wollte sie natürlich wissen, was ich unter von Zeit zu Zeit verstand, solchen Fragen setzt man sich aus, wenn man den Mund aufmacht. Alle acht Tage? Alle zehn Tage? Ich sagte ihr, seltener, viel seltener, überhaupt nicht mehr zu kommen, falls es möglich wäre, und wenn es nicht möglich wäre, so selten wie möglich zu kommen. Übrigens, am nächsten Morgen gab ich die Bank auf, weniger ihretwegen, muß ich sagen, als wegen der Bank, deren Platz meinen immerhin bescheidenen Ansprüchen nicht mehr genügte, denn die erste Kälte war von Nacht zu Nacht empfindlicher zu spüren, und auch aus anderen Gründen, die vor Schlappschwänzen, wie Sie es sind, zu erwähnen, müßig wäre, und ich suchte in einem verlassenen Kuhstall Zuflucht, den ich im Laufe meines Herumlaufens ausfindig gemacht hatte. Er befand sich im Winkel eines Feldes, dessen Oberfläche mehr Brennesseln als Gras und mehr Schlamm als Brennesseln aufwies, aber dessen Untergrund womöglich bemerkenswerte Eigenschaften besaß. In diesem Stall voller trockener und hohler Kuhfladen, die mit einem Seufzer in sich zusammensanken, wenn ich mit dem Finger hineinstach, mußte ich mich zum ersten Mal in meinem Leben und, wie ich gerne sagen würde, wenn ich nur ein wenig Morphium zur Hand hätte, zum letzten Mal gegen ein Gefühl wehren, das sich nach und nach in meinem eisigen Geist den scheußlichen Namen Liebe zulegte. Unser Land ist, wenn man freilich von der Tatsache absieht, daß es, trotz der Unmöglichkeit, sich dort das primitivste Präservativ zu beschaffen, nur dünn bevölkert ist, darum so reizvoll, weil dort alles verwahrlost ist, außer den alten Exkrementen der Geschichte. Diese rafft man eifrig zusammen, man stopft sie aus und trägt sie in feierlichem Aufzuge herum. Wo immer die Zeit vor Ekel einen schönen Haufen Dreck gemacht hat, werdet ihr unsere Patrioten hocken und mit hochroten Gesichtern schnüffeln sehen. Es ist das Paradies der Obdachlosen. Das erklärt schließlich mein Glück. Alles lädt zur Bauchlage ein. Ich erkenne keinen Zusammenhang zwischen diesen Beobachtungen. Aber daß es einen gibt, und sogar mehrere, darüber besteht kein Zweifel, bei mir. Aber welche? Ja, ich liebte sie, denn so nannte ich, so nenne ich leider immer noch, was ich tat, zu jener Zeit. Ich hatte keine festen Vorstellungen davon, da ich vorher nie geliebt hatte, aber ich hatte natürlich darüber sprechen hören, zu Hause, in der Schule, im Bordell und in der Kirche, und ich hatte Romane gelesen, in Prosa und in Versen, unter der Leitung meines Hauslehrers, englische, französische, italienische und deutsche, in denen davon ausführlich die Rede war. Ich war folglich immerhin imstande, was ich tat, zu benennen, als ich mich plötzlich das Wort Lulu auf einen alten Färsenfladen schreiben sah, oder als ich beim Mondschein im Dreck liegend versuchte, die Brennesseln auszureißen, ohne ihre Stengel zu zerbrechen. Es waren Riesenbrennesseln, einige davon waren einen Meter hoch, ich riß sie aus, es verschaffte mir Erleichterung, und doch ist es nicht meine Art, Unkraut auszureißen, ganz im

Gegenteil, ich überhäufte es noch und noch mit Mist, wenn ich welchen hatte. Die Blumen sind was anderes. Die Liebe macht einen grausam, das steht fest. Aber um welche Liebe handelte es sich eigentlich? Um leidenschaftliche Liebe? Ich glaube nicht. Denn die leidenschaftliche Liebe ist doch die Satyriasis, nicht wahr? Oder verwechsle ich sie mit einer anderen Spielart? Es gibt so viele davon, nicht wahr? Die einen sind noch schöner als die anderen, nicht wahr? Die platonische Liebe, zum Beispiel, das ist auch so eine, die mir gerade wieder einfällt. Sie ist uneigennützig. Vielleicht war meine Liebe zu ihr platonisch? Es fällt mir schwer, es zu glauben. Hätte ich ihren Namen in alte Kuhscheiße geschrieben, wenn meine Liebe zu ihr rein und uneigennützig gewesen wäre? Und dazu noch mit meinem Finger, den ich nachher ablutschte? Ach wo, ach wo. Ich dachte an Lulu, und wenn das nicht alles sagt, so sagt es genug, meiner Meinung nach. Ich habe übrigens die Nase voll von diesem Namen Lulu, und ich werde ihr sofort einen anderen geben, einen einsilbigen diesmal, zum Beispiel Anne, er ist nicht einsilbig, aber das macht nichts. Also dachte ich an Anne, ich, der gelernt hatte, an nichts zu denken, es sei denn an meine Leiden, sehr schnell, und dann an die Maßnahmen, die zu ergreifen sind, um nicht vor Hunger zu sterben, oder vor Kälte, oder vor Scham, aber niemals und unter keinerlei Vorwand an Lebewesen als solche (ich frage mich, was das bedeuten soll), was ich auch immer habe sagen mögen, oder womöglich sagen werde, diesbezüglich. Denn ich habe immer von Dingen gesprochen und ich werde immer von Dingen sprechen, die nie existiert haben, oder, wenn Sie wollen, die existiert haben und die vermutlich immer existieren werden, aber nicht so, wie ich es mir denke. Die Käppis, zum Beispiel, existieren ja doch, und es besteht wenig Hoffnung, daß sie je verschwinden, aber ich habe nie ein Käppi getragen. Ich habe irgendwo geschrieben, Sie gaben mir ... einen Hut. Und doch gaben »sie« mir nie einen Hut, ich habe meinen eigenen Hut immer behalten, denselben, den mein Vater mir gegeben hatte, und ich habe nie einen anderen Hut gehabt als eben diesen. Er ist mir übrigens in den Tod gefolgt. Also ich dachte an Anne, viel, viel, zwanzig Minuten, fünfundzwanzig Minuten, ja bis zu einer halben Stunde pro Tag. Ich erhalte diese Zahlen, indem ich andere, kleinere Zahlen zusammenzähle. Das mußte meine Art zu lieben sein. Ist daraus zu schließen, daß meine Liebe zu ihr jene intellektuelle Liebe war, die mir schon so viele Dummheiten abgenötigt hat, an einer anderen Stelle? Ich kann es nicht glauben. Denn wenn meine Liebe zu ihr von dieser Art gewesen wäre, hätte ich mich dann damit vergnügt, das Wort Anne in uralten Rinderkot zu kratzen? Und mit beiden

Händen Brennesseln auszureißen? Und hätte ich unter meinem Schädel ihre Schenkel beben fühlen, wie zwei besessene Kopfpolster? Um dieser Lage ein Ende zu bereiten, um zu versuchen, ihr ein Ende zu bereiten, begab ich mich eines Abends an die Stelle, wo die Bank stand, um die gleiche Stunde, da sie einst zu mir zu stoßen pflegte. Sie war nicht da, und ich wartete vergebens auf sie. Es war schon Dezember, wenn nicht Januar, und die Kälte war jahreszeitgemäß, das heißt sehr gut, sehr richtig, einwandfrei, wie alles, was jahreszeitgemäß ist. Aber ich war kaum wieder im Stall, als ich auch schon Argumente zusammenstellte, die mir eine ausgezeichnete Nacht verhießen und sich auf die Tatsache gründeten, daß die amtliche Zeit ebensoviele Arten und Weisen, sich in die Luft, am Himmel und auch ins Herz einzuzeichnen hat, wie das Jahr Tage. Am nächsten Tage also begab ich mich früher zur Bank, viel früher, just zu Beginn des eigentlichen Dunkels der Nacht, aber gleichwohl zu spät, denn sie war schon da, auf der Bank, unter den vor Frost knarrenden Ästen, vor dem eiskalten Wasser. Ich habe Ihnen schon gesagt daß sie eine übertrieben starrsinnige Frau war. Der Haufen war weiß vom Rauhreif. Ich empfand nichts. Was mochte sie im Sinne haben, mir so nachzustellen? Ohne mich hinzusetzen, fragte ich es sie, während ich trampelnd hin- und herging. Die Kälte hatte den Weg holperig gemacht. Sie antwortete mir, sie wisse es nicht. Was mochte sie wohl in mir sehen? Ich bat sie, es mir zu sagen, falls sie es könnte. Sie antwortete mir, sie könne es nicht. Sie schien warm angezogen zu sein. Sie hielt ihre Hände tief verborgen in einem Muff. Mir fällt wieder ein, daß ich beim Anblick dieses Muffs zu weinen begann. Und doch habe ich dessen Farbe vergessen. Es ging schlecht. Ich habe immer leicht geweint, ohne je den geringsten Nutzen daraus zu ziehen, bis vor kurzem. Wenn ich jetzt auf der Stelle weinen müßte, wäre ich nicht Manns genug, das kleinste Tröpfchen hervorzupressen, das glaube ich wahrhaftig. Es geht schlecht. Die Dinge brachten mich zum Weinen. Und doch hatte ich keinen Verdruß. Und wenn ich überrascht bemerkte, daß ich ohne triftigen Grund weinte, so hatte ich irgend etwas gesehen, unbewußt. So daß ich mich frage, ob es wirklich der Muff war, der mich zum Weinen brachte, an jenem Abend, und ob es nicht vielmehr der Pfad war, dessen Härte und Holperigkeit mich an die Pflastersteine erinnert hätten oder noch etwas anderes, irgend etwas anderes, das ich gesehen hätte, unbewußt. Ich sah sie sozusagen zum ersten Mal. Sie saß mit hängendem Kopf ganz gekrümmt und eingemummelt da. Der Muff mit den Händen lag in ihrem Schoß, die Beine waren aneinandergepreßt, die Absätze hochgehoben. Es war ohne Form, ohne Alter, fast ohne Leben, es konnte eine alte Frau oder ein kleines Mädchen sein. Und ihre Art zu antworten, Ich weiß nicht, Ich kann nicht. Ich allein wußte nicht und konnte nicht. Sind Sie meinetwegen gekommen? sagte ich. Ja, sagte sie. So, so, hier bin ich, sagte ich. War ich denn nicht ihretwegen gekommen? Hier bin ich, hier bin ich, sagte ich mir. Ich setzte mich neben sie, sprang aber sofort wieder auf, wie unter der Einwirkung eines heißen Eisens. Ich hatte Lust wegzugehen, um zu wissen, ob es vorbei sei. Aber sicherheitshalber bat ich sie vor dem Weggehen, mir ein Lied zu singen. Ich glaubte zuerst, sie würde es ablehnen, ich meine schlechtweg nicht singen, aber nein, nach einer Weile begann sie zu singen, und sie sang eine ganze Weile, immer das gleiche Lied, glaube ich, ohne ihre Haltung zu ändern. Ich kannte das Lied nicht, ich hatte es nie gehört und werde es nie mehr hören. Es fällt mir nur wieder ein, daß darin Zitronen vorkamen, oder Orangen, ich weiß nicht mehr welche Früchte, und für mich ist es eine Leistung, behalten zu haben, daß Zitronen oder Orangen darin vorkamen, denn von anderen Liedern, die ich in meinem Leben gehört habe, und ich habe wer weiß wie viele gehört, denn es ist praktisch unmöglich, sagen wir, zu leben, selbst so wie ich lebte, ohne singen zu hören, wenn man nicht taub ist, habe ich nicht das geringste behalten, kein Wort, keinen Ton, oder so wenige Worte, so wenige Töne, daß, daß was, daß nichts, dieser Satz hat lange genug gedauert. Dann zog ich mich zurück, und während ich mich zurückzog, hörte ich sie ein anderes Lied singen, oder vielleicht die Fortsetzung desselben, mit leiser Stimme, die um so leiser wurde, je weiter ich mich zurückzog, und die schließlich verstummte, sei es, daß sie zu singen aufgehört hatte, sei es, daß ich zu weit davon entfernt war, um sie hören zu können. Ich beließ es nicht gerne bei solcher Ungewißheit, zu jener Zeit, ich lebte natürlich in der Ungewißheit, von der Ungewißheit, aber diese kleinen Ungewißheiten physischer Art, wie man sagt, die wollte ich doch gerne sofort loswerden, sie konnten mich wie Viehfliegen peinigen, wochenlang. Ich ging also ein paar Schritte zurück und blieb stehen. Zuerst hörte ich nichts, dann hörte ich die Stimme, aber kaum, so leise drang sie zu mir. Ich hörte sie nicht, dann hörte ich sie, ich mußte demnach in einem bestimmten Zeitpunkt anfangen, sie zu hören, und doch war es nicht so, es gab keinen Anfang, dermaßen weich war sie aus der Stille erklungen und so sehr glich sie ihr. Als die Stimme endlich verstummte, ging ich noch ein paar Schritte auf sie zu, um sicher zu sein, daß sie verstummt war und nicht nur leiser geworden. Indem ich mir dann verzweifelnd sagte, Wie soll man es wissen, wenn man nicht neben ihr, über sie gebeugt ist, machte ich kehrt und ging weg, allen Ernstes, voller Ungewißheit.

Aber einige Wochen später kehrte ich mehr tot als lebendig wieder zur Bank zurück, es war das vierte oder fünfte Mal, seitdem ich sie verlassen hatte, zur gleichen Stunde ungefähr, ich meine, ungefähr unter dem gleichen Himmel, nein, das stimmt auch nicht, denn es ist immer der gleiche Himmel, und es ist nie der gleiche Himmel, wie soll man dies ausdrücken, ich werde es nie ausdrücken, bitte sehr. Sie war nicht da. Aber auf einmal war sie da, ich weiß nicht wie, ich hatte sie weder kommen sehen noch kommen hören, und doch war ich auf der Lauer. Sagen wir, daß es regnete, das soll eine Abwechslung für uns sein, eine kleine. Sie spannte einen Regenschirm über sich auf, sie mußte eine tolle Garderobe haben. Ich fragte sie, ob sie jeden Abend käme. Nein, sagte sie, nur von Zeit zu Zeit. Die Bank war zu feucht, als daß man wagte, sich darauf zu setzen. Wir gingen hin und her, ich nahm ihren Arm, weil ich wissen wollte, ob es mir Spaß machte, aber es machte mir gar keinen Spaß, also ließ ich ihn los. Aber warum diese Einzelheiten? Um die Frist zu verlängern. Ich sah ihr Gesicht etwas besser. Ich fand es normal, ihr Gesicht, ein Gesicht, wie es Millionen haben. Sie schielte, aber das merkte ich erst später. Es schien weder jung noch alt zu sein, ihr Gesicht, es war wie in der Schwebe zwischen der Frische und dem Verwelken. Nur schlecht ertrug ich zu jener Zeit diese Art Zweideutigkeit. Ich gebe zu, daß ich gar nicht fähig war herauszufinden, ob ihr Gesicht schön war, ob es schön gewesen war oder ob es schön zu werden versprach. Ich habe auf Fotos Gesichter gesehen, die ich vielleicht schön hätte nennen können, wenn ich einige Grundbegriffe der Schönheit gekannt hätte. Und das Gesicht meines Vaters auf seinem Totenbett hatte mich die Möglichkeit einer Ästhetik des Menschlichen ahnen lassen. Aber die Gesichter der Lebenden, mit ihren unaufhörlichen Grimassen und ihrer blutgeröteten Haut, sind das Gegenstände? Ich bewunderte trotz der Dunkelheit und meiner Unruhe die Weise des regungslosen oder langsam dahinfließenden Wassers, wie verdurstend zu dem herabfallenden hinaufzustreben. Sie fragte mich, ob sie mir noch etwas vorsingen solle. Ich antwortete, das solle sie nicht tun, ich wolle vielmehr, daß sie mir etwas sage. Ich glaubte, sie würde mir sagen, daß sie mir nichts zu sagen hätte, das hätte gut zu ihrem Wesen gepaßt. Ich war darum angenehm überrascht, sie sagen zu hören, daß sie ein Zimmer hätte, sehr angenehm überrascht. Ich vermutete es übrigens. Wer hat nicht sein Zimmer? Ah, ich höre die Empörung. Ich habe zwei Zimmer, sagte sie. Wieviel Zimmer haben Sie genau? sagte ich. Sie antwortete, sie hätte zwei Zimmer und eine Küche. Die Zahl wuchs von einem Mal zum andern. Sie würde sich schließlich noch an ein Badezimmer erinnern. Sagten Sie zwei Zimmer? sagte ich. Ja, sagte sie. Nebeneinander liegende? sagte ich. Endlich ein ergiebiger Gesprächsstoff. Die Küche liegt dazwischen, sagte sie. Ich fragte sie, warum sie mir das nicht früher gesagt hätte. Zweifellos war ich außer mir, zu jener Zeit. Ich fühlte mich nicht wohl neben ihr, abgesehen davon, daß ich mich frei fühlte, an etwas anderes als an sie zu denken, und das war schon großartig, an die alten vertrauten Dinge, nacheinander, und so nach und nach an nichts, wie über Stufen, die zu einem tiefen Wasser hinabführen. Und ich wußte, daß ich bei einem Abschied von ihr diese Freiheit verlieren würde.

Es waren tatsächlich zwei Zimmer, die durch eine Küche voneinander getrennt waren, sie hatte mich nicht belogen. Sie sagte mir, daß ich meine Sachen hätte holen sollen. Ich erklärte ihr, daß ich keine Sachen hatte. Wir waren oben in einem alten Haus, und durch die Fenster konnte man die Berge sehen, jedenfalls wer es wollte. Sie zündete eine Petroleumlampe an. Haben Sie keinen Strom? sagte ich. Nein, sagte sie, aber ich habe fließendes Wasser und Gas. So, sagte ich, Sie haben Gas. Sie begann, sich auszuziehen. Wenn sie nicht mehr wissen, was sie tun sollen, ziehen sie sich aus, und das ist wahrscheinlich das Beste, was sie tun können. Sie legte alles ab, mit einer Langsamkeit, die einen Elefanten aufgereizt hätte, alles, außer den Strümpfen, die wahrscheinlich meine Erregung auf die Spitze treiben sollten. In dem Augenblick sah ich, daß sie schielte. Es war zum Glück nicht das erste Mal, daß ich eine nackte Frau sah, ich konnte also bleiben, ich wußte, daß sie nicht platzen würde. Ich sagte ihr, daß ich Lust hätte, das andere Zimmer zu sehen, denn ich hatte es noch nicht gesehen. Wenn ich es schon gesehen hätte, hätte ich ihr gesagt, daß ich Lust hätte, es wiederzusehen. Ziehen Sie sich nicht aus? sagte sie. Oh, wissen Sie, sagte ich, ich ziehe mich nicht oft aus. Es stimmte, ich bin nie jemand gewesen, der sich bei jeder Gelegenheit auszog. Ich zog oft meine Schuhe aus, wenn ich mich hinlegte, ich meine, wenn ich mich zusammenriß (zusammenriß!), um zu schlafen, und dann das Oberzeug, je nach der Temperatur. Sie war also, wenn sie nicht unhöflich erscheinen wollte, genötigt, sich mit einem Morgenrock zu bedecken und mich mit der Lampe in der Hand zu begleiten. Wir gingen durch die Küche. Wir hätten ebensogut über den Flur gehen können, wie mir später bewußt wurde, aber wir gingen durch die Küche, ich weiß nicht warum. Es war vielleicht der kürzere Weg. Ich betrachtete das Zimmer mit Grauen. Eine solche Möbeldichte geht über jede Vorstellungskraft. Ich muß dieses Zimmer also bestimmt irgendwo gesehen haben. Was ist das für ein Raum? rief ich. Das ist der Wohnraum, sagte sie. Der Wohnraum. Ich begann, die Möbel durch die Tür zum Flur hinauszubefördern. Sie schaute mir dabei zu. Sie war traurig, das nehme ich wenigstens an, denn ich weiß eigentlich nichts davon. Sie fragte mich, was ich machte, aber ohne mit einer Antwort zu rechnen, glaube ich. Ich beförderte eins nach dem anderen, ja sogar zwei auf einmal hinaus und stapelte sie auf dem Flur an der hinteren Wand. Es waren Hunderte, große und kleine. Sie reichten schließlich bis an die Tür, so daß man auf diesem Wege nicht mehr aus dem Zimmer und erst recht nicht ins Zimmer gehen konnte. Man konnte die Tür öffnen und schließen, da sie nach innen aufging, aber die Schwelle war unüberschreitbar geworden. Ein recht großes Wort, unüberschreitbar. Nehmen Sie wenigstens Ihren Hut ab, sagte sie. Ich werde Ihnen ein andermal vielleicht etwas über meinen Hut erzählen. Im Zimmer blieben schließlich nur eine Art Sofa und ein paar Regale an der Wand. Das Sofa zerrte ich hinten ins Zimmer, in die Nähe der Tür, und die Regale machte ich am nächsten Tag ab und stellte sie auf den Flur, zu dem anderen. Beim Abmachen, welch sonderbare Erinnerung, hörte ich das Wort Fibrom oder Fibron, ich weiß nicht welches, ich habe es nie gewußt, ich wußte nicht, was es bedeutete, und ich bin nie wißbegierig genug gewesen, es herauszufinden. An was man sich nicht alles erinnert. Und was man nicht alles erwähnt! Als alles in Ordnung war, ließ ich mich auf das Sofa fallen. Sie hatte keinen Finger gerührt, um mir zu helfen. Ich bringe Ihnen Laken und Decken, sagte sie. Aber die Laken wollte ich überhaupt nicht. Wollen Sie nicht die Vorhänge schließen? sagte ich. Das Fenster war mit Eisblumen bedeckt. Es war nicht weiß, wegen der Nacht, aber es leuchtete doch ein wenig. Wenn ich mich auch mit den Füßen zur Tür hingelegt hatte, mich störte diese schwache, kalte Helle nichtsdestoweniger. Auf einmal stand ich auf und stellte das Sofa um, das heißt, ich schob die breite Rückenlehne, mit der ich es zuerst an die Wand gestellt hatte, an die Außenseite. Die offene Seite, der Ladeplatz, war nun an der Wand. Dann kletterte ich hinein, wie ein Hund in seinen Korb. Ich lasse Ihnen die Lampe, sagte sie, aber ich bat sie, die Lampe mitzunehmen. Und wenn Sie etwas brauchen in der Nacht? sagte sie. Sie wollte mit einem Wortgeplänkel beginnen, ich spürte es. Wissen Sie, wo die Toilette ist? sagte sie. Sie hatte recht, ich hatte nicht mehr daran gedacht. Sich in seinem Bett erleichtern, ist mit einem prompten Vergnügen verbunden, aber nachher ist man in Verlegenheit. Geben Sie mir einen Nachttopf, sagte ich, eine vase de nuit. Die Wörter vase de nuit waren mir sehr lieb, nun ja, recht lieb, während recht langer Zeit, sie brachten mich auf Racine oder Baudelaire, ich weiß nicht mehr auf welchen, auf beide vielleicht, ja, ich bedaure, ich war belesen, und durch sie kam ich dahin, wo das Wort aufhört, das könnte von Dante sein. Aber sie hatte keinen Nachttopf. Ich habe eine Art Nachtstuhl, sagte sie. Ich sah Großmutter darauf sitzen, steif wie eine Bohnenstange und stolz, sie hatte ihn gerade erstanden, Verzeihung, erworben, bei einem Wohltätigkeitsfest, bei einer Tombola womöglich, er war eine Antiquität, sie benutzte ihn zum ersten Mal, vielmehr sie probierte ihn aus, sie hätte beinahe gewollt, daß man sie sähe. Nicht so schnell! Nicht so schnell! Geben Sie mir doch einen einfachen Behälter, sagte ich, ich habe keinen Durchfall. Sie kam mit einer Art Kasserolle wieder, es war keine echte Kasserolle, denn sie hatte keinen Stiel, sie war oval und hatte zwei Henkel und einen Deckel. Das ist der Schmortopf, äußerte sie. Ich brauche den Deckel nicht, sagte ich. Sie brauchen den Deckel nicht? sagte sie. Wenn ich gesagt hätte, daß ich den Deckel brauchte, hätte sie gesagt, Sie brauchen den Deckel? Ich steckte das Gerät unter die Decken, ich halte gerne etwas in der Hand, wenn ich schlafe, ich habe dann weniger Angst, mein Hut war noch ganz naß. Ich drehte mich zur Wand. Sie nahm die Lampe vom Kaminsims, auf den sie sie abgestellt hatte, ausführlicher, ausführlicher, über mir fuchtelte ihr Schatten, ich glaubte, sie würde mich verlassen, aber nein, sie kam, um sich über mich zu beugen, von über der Rückenlehne her.

Das alles sind Familienstücke, sagte sie. An ihrer Stelle wäre ich verschwunden, auf Zehenspitzen. Aber sie rührte sich nicht. Die Hauptsache war, daß ich schon begann, sie nicht mehr zu lieben. Ja, ich fühlte mich schon besser, beinahe in Form für das langsame Hinab zu den langen Versenkungen, die mir seit so langer Zeit versagt gewesen waren, durch ihre Schuld. Und ich war gerade erst angekommen. Aber zuerst mal schlafen. Versuchen Sie jetzt, mich vor die Tür zu setzen, sagte ich. Mir schien damals, daß mir der Sinn dieser Worte und sogar ihr geringes Geräusch erst einige Sekunden, nachdem ich sie ausgesprochen hatte, bewußt wurden. Ich war so wenig gewohnt zu sprechen, daß mir von Zeit zu Zeit immer mal wieder Sätze durch den Mund hinausrutschten, die vom grammatischen Gesichtspunkt aus fehlerlos, jedoch aller ich sage nicht Bedeutung bar waren, denn bei näherer Betrachtung hatten sie eine, und zuweilen mehrere, aber jedes Grundes. Aber das Geräusch pflegte ich immer zu hören, so lange ich es machte. Es war wirklich das erste Mal, daß meine Stimme dermaßen langsam zu mir gelangte. Ich legte mich wieder auf den Rücken, um zu sehen, was geschah. Sie lächelte. Kurze Zeit darauf ging sie weg, mit der Lampe. Ich hörte, wie sie durch die Küche ging und die Tür ihres Zimmers hinter sich zumachte. Ich war endlich allein, endlich im Dunkeln. Ich werde mich nicht darüber verbreiten. Ich glaubte schon an eine gute Nacht für mich, dem sonderbaren Ort zum Trotz, aber nein, die Nacht war äußerst unruhig. Ich wurde am nächsten Morgen wie gerädert wach, meine Kleidungsstücke waren in Unordnung, die Decken ebenfalls, und Anne lag neben mir, natürlich nackt. Wie hatte sie sich verausgaben müssen! Ich hielt immer noch den Schmortopf in der Hand. Ich schaute hinein. Ich hatte ihn nicht benützt. Ich schaute mir mein Geschlecht an. Wenn es wenigstens hätte sprechen können. Ich werde mich nicht darüber verbreiten. Das war meine Liebesnacht.

Nach und nach lebte ich mich ein in diesem Haus. Sie brachte mir meine Mahlzeiten zu den Stunden, die ich ihr angegeben hatte, sie schaute von Zeit zu Zeit nach, ob es mir gut ging und ich nichts nötig hätte, sie leerte den Schmortopf einmal pro Tag, und sie putzte das Zimmer einmal pro Monat. Sie widerstand nicht immer der Versuchung, mit mir zu sprechen, aber im allgemeinen konnte ich mich nicht über sie beklagen. Ich hörte sie von Zeit zu Zeit in ihrem Zimmer singen, ihr Lied durchdrang die Tür ihres Zimmers, dann die Küche, dann die Tür meines Zimmers und gelangte so bis zu mir, leise, aber unüberhörbar. Es sei denn, daß sie durch den Flur kam. Es störte mich nicht übermäßig, von Zeit zu Zeit Singen zu hören. Eines Tages bat ich sie, mir eine Hyazinthe zu bringen, eine lebende in einem Topf. Sie brachte sie mir und stellte sie auf das Kaminsims. Es gab in meinem Zimmer nur noch das Kaminsims, auf das man etwas stellen konnte, es sei denn, man stellte es auf den Boden. Ich betrachtete sie alle Tage, meine Hyazinthe. Sie war rosa. Mir wäre eine blaue lieber gewesen. Anfangs gedieh sie gut, sie hatte sogar ein paar Blüten, dann gab sie auf, sie war nur noch ein schlaffer Stengel zwischen trauernden Blättern. Die Zwiebel, die sich halb aus der Erde hervorgewölbt hatte, als ob sie Sauerstoff suchte, roch schlecht. Anne wollte sie wegnehmen, aber ich sagte ihr, sie sollte sie stehenlassen. Sie wollte mir eine andere kaufen, aber ich sagte ihr, daß ich keine andere haben wollte. Was mich mehr störte, waren andere Geräusche, wiederholtes leises Gelächter und Gestöhn, das die Wohnung zu gewissen Stunden dumpf erfüllte, sowohl bei Tage als auch bei Nacht. Ich dachte nicht mehr an Anne, nein, gar nicht mehr, aber ich brauchte doch Ruhe, um mein Leben leben zu können. Ich mochte mir noch so oft beschwichtigend sagen, daß die Luft dazu da ist, um die Geräusche der Welt zu tragen, und daß Gelächter und Gestöhn sich da unausbleiblich in starkem Maße einmischen, ich nahm es mir nichtsdestoweniger zu Herzen. Es gelang mir nicht, auszumachen, ob es immer derselbe Kerl war oder ob es mehrere waren. Ein leises Gelächter und Gestöhn unterscheidet sich so wenig vom anderen. Mir graute damals so sehr vor solchen elenden Ratlosigkeiten, daß ich jedesmal auf den Leim kroch, ich meine, daß ich versuchte, mir Klarheit zu verschaffen. Ich habe lange Zeit, sozusagen das ganze Leben dazu gebraucht, um zu begreifen, daß die Farbe eines flüchtig erblickten Auges oder der Ursprung eines leisen, fernen Geräuschs Giudecca im Inferno der Unwissenheit näher sind als die Existenz Gottes oder die Entwicklungsgeschichte des Protoplasmas oder die Existenz des eigenen Selbst, und der Weisheit strenger befehlen, sich von ihnen abzuwenden. Es ist etwas viel, ein ganzes Leben, um zu dieser tröstlichen Schlußfolgerung zu gelangen, es bleibt einem kaum Zeit, es auszunutzen. Ich war also, da ich sie verhört hatte, schon ziemlich weit gekommen, als sie mir sagte, daß es sich um Kunden handelte, die sie der Reihe nach empfing. Ich hätte freilich aufstehen und zum Schlüsselloch gehen können, um hindurchzuschauen, vorausgesetzt, daß es nicht zugestopft gewesen wäre, aber was kann man schon sehen, durch solche Löcher? Sie leben also von der Prostitution? sagte ich. Wir leben von der Prostitution, antwortete sie. Könnten Sie sie nicht darum bitten, etwas weniger Lärm zu machen? sagte ich, so als glaubte ich, was sie mir gerade gesagt hatte. Ich fügte noch hinzu, Oder eine andere Art Lärm? Sie müssen japsen, sagte sie. Ich werde genötigt sein, wegzugehen, sagte ich. Sie suchte Wandbehänge in ihrer Familien-Rumpelkammer und hängte sie vor unseren Türen auf, vor meiner und vor ihrer. Ich fragte sie, ob es nicht möglich wäre, von Zeit zu Zeit eine Pastinake zu essen. Eine Pastinake? rief sie, als hätte ich den Wunsch geäußert, ein Judenbaby zu kosten. Ich machte sie darauf aufmerksam, daß die Pastinakenzeit sich ihrem Ende zuneigte und daß, wenn sie mir bis dahin nur Pastinaken zu essen geben könnte, ich ihr dankbar dafür sein würde. Nur Pastinaken! rief sie. Die Pastinaken schmecken nach Veilchen, in meinem Munde. Ich mag die Pastinaken, weil sie nach Veilchen schmecken, und die Veilchen, weil sie nach Pastinaken duften. Wenn es keine Pastinaken auf der Erde gäbe, möchte ich keine Veilchen, und wenn keine Veilchen existierten, wären mir die Pastinaken ebenso gleichgültig wie die Rübchen oder die Radieschen. Und selbst im jetzigen Zustand ihrer Flora, ich meine in jener Pflanzenwelt, wo Pastinaken und Veilchen die Möglichkeit der Koexistenz finden, würde ich leicht, sehr leicht auf sie verzichten, sowohl auf die einen als auch auf die anderen. Eines Tages hatte sie die Stirn, mir anzukündigen, daß sie schwanger sei, und zwar seit vier oder fünf Monaten, durch mein Zutun. Sie zeigte sich im Profil und forderte mich auf, ihren Bauch zu betrachten. Sie zog sich sogar aus, wahrscheinlich um mir zu beweisen, daß sie kein

Kissen unter ihrem Rock versteckte, und dann freilich auch aus reiner Freude am Sichausziehen. Es ist vielleicht nur eine Aufblähung, sagte ich, um sie zu trösten. Sie schaute mich mit ihren großen Augen, deren Farbe ich vergessen habe, an, vielmehr mit ihrem großen Auge, denn das andere war allem Anschein nach auf die Überbleibsel der Hyazinthe gerichtet. Je weniger sie anhatte, um so mehr schielte sie. Sehen Sie nur, sagte sie, sich über ihre Brüste neigend, die Warzenhöfe werden schon dunkler. Ich raffte meine letzten Kräfte zusammen und sagte ihr, Abtreiben, abtreiben, dann werden sie nicht mehr dunkler. Sie hatte die Vorhänge geöffnet, um nichts von ihren verschiedenen Rundungen verlorengehen zu lassen. Ich sah die Berge, die regungslosen, höhlenreichen, verschwiegenen Berge, wo ich von morgens bis abends nichts anderes hören würde als den Wind, die Brachvögel und, aus der Ferne, das leise, silbrige Hämmern der Granithauer. Ich ginge tagsüber hinaus ins warme Heidekraut, ins würzige, wilde Gilbkraut, und des Nachts sähe ich die entrückten Lichter der Stadt, wenn ich wollte, und die anderen Lichter, die der Leuchttürme und der Leuchtschiffe, deren Namen mir mein Vater genannt hatte, als ich klein war, und deren Namen ich wiederfand, in meinem Gedächtnis, wenn ich wollte, das wußte ich. Von jenem Tage an ging alles schlecht in dem Haus, für mich, immer schlechter, nicht daß sie mich vernachlässigte, sie hätte mich nie genug vernachlässigen können, aber insofern, als sie alle Augenblicke kam, um mich mit *unserem* Kind zu piesacken, indem sie mir ihren Bauch und ihre Brüste zeigte und mir sagte, daß es jeden Moment geboren werden könne, sie fühle es schon springen. Wenn es springt, sagte ich, ist es nicht von mir. Ich hatte es nicht allzu schlecht gehabt in jenem Haus, das war sicher, es war freilich nicht ideal, aber ich unterschätzte die Vorteile nicht. Ich zögerte, aufzubrechen, die Blätter fielen schon, ich fürchtete mich vor dem Winter. Man soll sich nicht vor dem Winter fürchten, auch er hat seine guten Seiten, sein Schnee hält warm und dämpft das Getöse, und seine blassen Tage sind schnell vorbei. Aber ich wußte zu jener Zeit noch nicht, wieviel die Erde gern denjenigen zu gewähren vermag, die nur sie haben, und wieviele Stätten ein Lebender dort finden kann, wieviele Grabstätten. Umgebracht hat mich dann die Geburt. Ich wurde davon wach. Was es nicht alles durchmachen mußte, das Kind. Ich glaube, es war eine Frau bei ihr, ich meinte, von Zeit zu Zeit Schritte in der Küche zu hören. Es ekelte mich an, ein Haus zu verlassen, ohne daß man mich hinauswarf. Ich kroch leise über die Rückenlehne des Sofas, zog die Jacke und meinen Mantel an, setzte meinen Hut auf, ich vergaß nichts, knüpfte meine Schnürsenkel und öffnete die Tür zum Flur. Ein Haufen Gerümpel hinderte mich am Durchkommen, aber ich kam doch durch, indem ich holterdiepolter darüber hinwegkletterte. Ich habe von Heirat gesprochen, es war immerhin eine Art Zusammensein. Es wäre dumm von mir gewesen, mir Zwang anzutun, die Schreie waren lauter als jeder andere Krach. Es mußte ihr erstes sein. Sie verfolgten mich bis auf die Straße. Ich blieb vor der Haustür stehen und lauschte. Ich hörte sie immer noch. Wenn ich nicht gewußt hätte, daß man Schreie im Haus ausstieß, hätte ich sie vielleicht nur gehört. Aber da ich es wußte, hörte ich sie gut. Ich wußte nicht genau, wo ich war. Ich suchte zwischen den Sternen und Konstellationen die Wagen, aber ich konnte sie nicht finden. Sie mußten jedoch da sein. Mein Vater hatte sie mir zuerst gezeigt. Er hatte mir auch andere gezeigt, aber allein und ohne ihn habe ich nie was anderes finden können als die Wagen. Ich begann mit den Schreien zu spielen, beinahe so, wie ich mit dem Lied gespielt hatte, indem ich weiterging, stehenblieb, weiterging, stehenblieb, wenn man das spielen nennen kann. Solange ich voranschritt, hörte ich sie nicht, dank dem Geräusch meiner Schritte. Aber sobald ich stehengeblieben war, hörte ich sie wieder, jedesmal leiser zwar, aber was ändert das schon, ob ein Schrei leise ist oder laut? Wichtig ist, daß er aufhört. Jahrelang glaubte ich, daß sie aufhören würden.

Nun glaube ich es nicht mehr. Ich hätte anderer Lieben bedurft, vielleicht. Aber Liebe gibt es nicht auf Verlangen.

Der Ausgestoßene

Die Freitreppe war nicht hoch. Ich hatte ihre Stufen tausendmal gezählt, sowohl beim Hinaufgehen als auch beim Hinuntergehen, aber die Zahl habe ich nicht mehr im Gedächtnis. Ich habe nie gewußt, ob man eins mit dem Fuß auf dem Bürgersteig sagen sollte und zwei mit dem folgenden Fuß auf der ersten Stufe und so weiter, oder ob der Bürgersteig nicht mitzählte. Auf der obersten Stufe angekommen, stand ich vor demselben Dilemma. Umgekehrt, ich meine von oben nach unten, war es das gleiche, das Wort ist nicht zu stark. Ich wußte weder wo ich anfangen, noch wo ich aufhören sollte, sagen wir die Dinge, wie sie sind. Ich bekam also drei ganz verschiedene Zahlen heraus, ohne je zu wissen, welche die richtige war. Und wenn ich sage, daß ich die Zahl nicht mehr im Gedächtnis habe, meine ich, daß ich keine der drei Zahlen mehr im Gedächtnis habe. Es ist wahr, daß ich, wenn ich in meinem Gedächtnis, wo sie sich sicher befindet, eine einzige dieser Zahlen wiederfände, nur sie wiederfände, ohne von ihr auf die beiden anderen schließen zu können. Und selbst wenn ich zwei davon ausfindig machte, würde ich die dritte nicht wissen. Nein, ich müßte sie alle drei wiederfinden, im Gedächtnis, um sie alle drei kennen zu können. Sie bringen einen um, die Erinnerungen. Man soll also nicht an gewisse Dinge denken, an die Dinge, die einem am Herzen liegen, oder vielmehr, man soll doch daran denken, denn wenn man nicht daran denkt, riskiert man, sie nach und nach in seinem Gedächtnis wiederzufinden. Das heißt, man soll eine Weile daran denken, eine ganze Weile, jeden Tag und mehrmals am Tage, bis der Schlamm sie mit einer undurchdringlichen Schicht bedeckt. Keine Widerrede!

Schließlich tut die Zahl der Stufen nichts zur Sache. Behalten mußte man die Tatsache, daß die Freitreppe nicht hoch war, und das habe ich behalten. Auch für das Kind war sie nicht hoch, neben den anderen Freitreppen, die es kannte, weil es sie täglich sah, sie hinauf- und hinunterging, und auf ihren Stufen spielte, mit Klickern und anderen Spielsachen, deren Namen es sogar vergessen hat. Was mußte sie also für den fertigen Mann sein, den fix und fertigen Mann?

Der Sturz war demnach nicht so gefährlich. Beim Stürzen hörte ich die Tür knallen, was mir Trost verschaffte, sogar mitten im Sturz. Denn es bedeutete, daß man mich nicht bis auf die Straße verfolgte, mit einem Prügel, um mich zu verprügeln, vor den Augen der Passanten. Denn wenn es ihre Absicht gewesen wäre, hätten sie nicht die Tür zugemacht, sondern sie offengelassen, damit die in der Diele versammelten Personen die Zurechtweisung genießen und eine Lehre daraus hätten ziehen können. Sie hatten sich also für diesmal damit begnügt, mich lediglich hinauszuwerfen. Ich hatte, bevor ich in der Rinne zur Ruhe kam, Zeit, mit Erfolg diesen Schluß zu ziehen.

Unter diesen Umständen zwang mich nichts, sofort wieder aufzustehen. Ich stützte mich, welch sonderbare Erinnerung, auf den Bürgersteig, legte mein Ohr in die Höhlung meiner Hand und begann, über meine immerhin vertraute Lage nachzudenken. Aber das schwächere, jedoch unverkennbare Geräusch der von neuem zugeknallten Tür riß mich aus meiner Träumerei, wo sich schon eine bezaubernde, höchst traumhafte Landschaft mit Hagedorn und wilden Rosen arrangiert hatte, und ließ mich den Kopf aufrichten, wobei ich die Hände flach auf den Bürgersteig legte und die Knie durchdrückte. Aber es war nur mein Hut, der, sich um sich selbst drehend, durch die Lüfte auf mich zuschwebte. Ich erwischte ihn und setzte ihn auf. Sie waren sehr korrekt, gemäß den Geboten ihres Gottes. Sie hätten den Hut behalten können, aber er gehörte nicht ihnen, sondern mir, also gaben sie ihn mir zurück. Aber die Stimmung war verdorben.

Wie soll ich den Hut beschreiben? Und warum? Als mein Kopf seine, ich will nicht sagen definitiven, aber maximalen Dimensionen erreicht hatte, sagte mein Vater zu mir, Komm, mein Sohn, wir werden deinen Hut kaufen, als wenn er seit Ewigkeiten präexistiert hätte, an einem prädeterminierten Ort. Er ging geradewegs auf den Hut zu. Ich hatte kein Einspruchsrecht, der Huthändler auch nicht. Ich habe mich oft gefragt, ob mein Vater nicht beabsichtigte, mich zu demütigen, ob er nicht eifersüchtig war auf mich, der jung und schön, sagen wir frisch aussah, während er schon alt, ganz aufgedunsen und purpurn war. Es war mir von jenem Tage an nicht mehr gestattet, barhäuptig auszugehen, mit meinem hübschen, kastanienbraunen Haar im Wind. Manchmal nahm ich ihn auf einer entlegenen Straße ab und hielt ihn in der Hand, aber zitternd. Ich mußte ihn morgens und abends bürsten. Die jungen Leute meines Alters, mit denen ich trotz allem genötigt war, von Zeit zu Zeit zu verkehren, machten sich über mich lustig. Aber ich sagte mir, Es liegt nicht so sehr am Hut, daran hängen sie ihre Einfälle nur auf, weil er ihnen als besonders lächerlich auffällt, denn es fehlt ihnen an Feingefühl. Ich habe mich immer über den Mangel an Feingefühl bei meinen Zeitgenossen gewundert, ich, dessen Seele sich vom Morgen bis zum Abend abquälte, nur um sich zu suchen. Aber sie waren vielleicht nur leutselig, so wie jene, die den Buckligen wegen seiner langen Nase verspotten. Beim Tode meines Vaters hätte ich mich dieses Hutes entledigen können, dem stand nichts mehr im Wege, es wurde jedoch nichts daraus. Wie soll ich ihn aber beschreiben? Ein andermal, ein andermal.

Ich stand wieder auf und setzte mich in Bewegung. Ich weiß nicht mehr, wie alt ich damals gewesen sein mag. Das, was mir gerade widerfahren war, konnte keinen Markstein in meiner Existenz bilden. Es war weder die Wiege noch das Grab von irgendwas. Es glich vielmehr soviel anderen Wiegen, soviel anderen Gräbern, daß ich mich darin verliere. Aber ich glaube nicht zu übertreiben, wenn ich sage, daß ich in den besten Jahren war, was man, glaube ich, auch im Vollbesitz seiner Fähigkeiten nennt. O ja, die besaß ich, die wenigstens. Ich überquerte die Straße und drehte mich nach dem Hause um, das mich gerade ausgestoßen hatte, ich, der sich nie umkehrte beim Weggehen. Wie schön es war! Es standen Geranien an den Fenstern. Ich habe mich den Geranien zugewandt, jahrelang. Sie sind durchtrieben, die Geranien, aber ich hatte schließlich mit ihnen machen können, was ich wollte. Die Tür des Hauses, ganz oben auf der kleinen Freitreppe, habe ich immer sehr bewundert. Wie soll ich sie beschreiben? Sie war massiv, grün gestrichen, und im Sommer wurde sie mit einer Art grün und weiß gestreifter Hülle überzogen, mit einem Loch, aus dem ein Mordstürklopfer aus geschmiedetem Eisen ragte, und mit einem Schlitz, der dem des Briefkastens entsprach, den ein mit einer Feder versehener Kupferdeckel gegen Staub, Insekten und Meisen schützte. Ja, das wär's. Sie wurde von zwei Pilastern in der gleichen Farbe flankiert, von denen der rechte die Klingel trug. Die Gardinen zeugten von dem sichersten Geschmack. Sogar der Rauch, der aus einem der Rohre des Kamins aufstieg, nämlich dem der Küche, schien sich melancholischer und blauer auszudehnen und in der Luft aufzulösen als der von den Nachbarn. Ich sah im dritten und letzten Stockwerk mein abscheulich offenes Fenster. Die gründliche Säuberung war in vollem Gange. In wenigen Stunden würde man das Fenster wieder schließen, man würde die Vorhänge zuziehen und die Desinfektion vornehmen. Ich kannte sie. Ich wäre gerne in diesem Hause gestorben. Ich sah, in einer Art Erscheinung, die Tür sich öffnen und meine Füße herauskommen.

Ich blickte unbefangen hin, denn ich wußte, daß sie mich nicht hinter den Gardinen belauerten, wie sie es hätten tun können, wenn sie gewollt hätten. Aber ich kannte sie. Sie waren alle in ihre Waben zurückgekehrt, und jeder ging seiner Arbeit nach.

Und dabei hatte ich ihnen nichts getan.

Ich kannte die Stadt schlecht, den Ort meiner Geburt und meiner ersten Schritte, ins Leben, und dann aller anderen, die meine Spur so schlecht verwischten. Ich ging so selten aus! Von Zeit zu Zeit begab ich mich ans Fenster, schob die Gardinen auseinander und blickte nach draußen. Ich kehrte jedoch eiligst wieder zurück ins Innere des Zimmers, wo das Bett stand. Ich fühlte mich gar nicht wohl, mit all der Luft um mich herum, und verloren an der Schwelle unzähliger, verwirrender Perspektiven. Aber ich konnte noch handeln, in dieser Periode, wenn es sein mußte. Zuerst erhob ich jedoch die Augen zum Himmel, von dannen die sagenhafte Hilfe kommen wird, wo es keine Wege gibt, wo man frei herumlaufen kann, wie in einer Wüste, wo nichts den Blick hemmt, wohin man auch schauen mag, wenn nicht die Grenzen der Sicht. Aus diesem Grunde hebe ich die Augen, wenn alles schlecht geht, es ist zwar langweilig, aber daran kann ich nichts ändern, zum Himmel, der einen sogar bewölkt, sogar bleischwer oder von Regen verschleiert, von dem Wirrwarr und Blendwerk der Stadt, des Landes und der Erde ausruhen läßt. Als ich noch jünger war, glaubte ich, es sei gut, inmitten einer Ebene zu leben, ich ging in die Lüneburger Heide. Mit einer Ebene im Sinn ging ich in die Heide. Es gab andere Heiden, gar nicht so weit weg, aber eine Stimme sagte mir, Die Lüneburger Heide ist das, was Sie brauchen, ich habe mich selten geduzt. Auf den Klang von *lune* mußte es auch wohl zurückzuführen sein. Nun ja, die Lüneburger Heide gefiel uns gar nicht, ganz und gar nicht. Ich kam enttäuscht und zugleich erleichtert wieder zurück. Ja, ich weiß nicht warum, ich bin nie enttäuscht gewesen, und ich war es oft in der ersten Zeit, ohne zugleich oder sofort danach eine unverkennbare Erleichterung zu spüren.

Ich machte mich auf den Weg. Welch ein Gang. Steifheit der unteren Gliedmaßen, als ob die Natur mir Knie vorenthalten hätte, außergewöhnliche beiderseitige Abweichung der Füße von der Kurslinie. Der Rumpf hatte dagegen, als würde es durch einen ausgleichenden Mechanismus bewirkt, die Weichheit eines schlampig mit Lumpen gefüllten Sacks und plumpste heftig, je nach den unvorhersehbaren Stößen des Beckens, hin und her. Ich habe oft versucht, diese Mängel zu beheben, die Brust vorzuwölben, die Knie zu beugen und einen Fuß richtig vor den anderen zu setzen, denn ich hatte mindestens fünf oder sechs, aber es endete immer in der gleichen Weise, ich meine, mit einer Gleichgewichtsstörung und folgendem Sturz. Man muß gehen, ohne an das, was man tut, zu denken, so wie man seufzt, und wenn ich ging, ohne an das, was ich tat, zu denken, dann ging ich so, wie ich gerade sagte, und wenn ich anfing, mich zu beobachten, machte ich ein paar passable Schritte und dann stürzte ich. Ich faßte also den Entschluß, mich gehen zu lassen. Diese Gangart ist meiner Ansicht nach wenigstens zum Teil einem gewissen Hang zuzuschreiben, von dem ich mich niemals ganz zu befreien wußte, und der sich natürlich übel auf meine zarten, die Formung des Charakters beherrschenden Jugendjahre ausgewirkt hat, ich spreche von der Periode, die sich unabsehbar zwischen den ersten Gehversuchen hinter einem Stuhl und der dritten Klasse, dem Abschluß meiner Studien erstreckt. Ich hatte also die unangenehme Gewohnheit, nachdem ich meine Hose bepißt oder beschissen hatte, was mir ziemlich regelmäßig vormittags gegen zehn Uhr, zehn Uhr dreißig passierte, unbedingt weitermachen und meinen Tag beenden zu wollen, als ob nichts los wäre. Der bloße Gedanke, mich umzuziehen oder mich meiner Mama anzuvertrauen, die nichts lieber getan hätte, als mir zu helfen, war mir unausstehlich, ich weiß nicht warum, und bis zum Schlafengehen schleppte ich mich mit dem Ergebnis meiner Zügellosigkeit herum, das brennend, verkrustet und stinkend zwischen meinen kleinen Oberschenkeln oder an meinen Arschbacken klebte. Daher die behutsamen, steifen und auseinanderstrebenden Bewegungen der Beine und das verzweifelte Hin und Her des Oberkörpers, das wahrscheinlich ausgleichen und glauben machen sollte, ich sei sorglos, ganz vergnügt und munter, und das meine Erklärungen hinsichtlich der Ungelenkigkeit unten, die ich auf das Konto ererbten Rheumas schob, wahrscheinlich machen sollte. Mein jugendlicher Eifer, sofern ich sowas überhaupt hatte, ging dabei drauf, ich wurde etwas vorzeitig mürrisch und mißtrauisch und sehnte mich nur nach dem Versteck und der waagerechten Lage. Armselige Jugendlösungen, die nichts besagen. Man braucht sich also keinen Zwang anzutun. Räsonieren wir ohne Furcht, der Nebel wird sich schon halten.

Es war schönes Wetter. Ich ging auf der Straße voran, wobei ich mich möglichst nahe am Bürgersteig hielt. Der breiteste Bürgersteig ist für mich nie breit genug, wenn ich mich in Bewegung setze, und ich verabscheue es, Unbekannten lästig zu fallen. Ein Polizist hielt mich an und sagte, Die Straße den Fahrzeugen, der Bürgersteig den Fußgängern. Es klang nach Altem Testament. Ich stieg also auf den Bürgersteig, indem ich mich fast entschuldigte, und hielt mich dort in einem unbeschreiblichen Durcheinander gute zwanzig Schritte lang bis zu dem Moment, in dem ich mich auf den Boden werfen mußte, um nicht ein Kind zu zertreten. Es trug ein Pferdegeschirr für Kinder, es fällt mir wieder ein, mit Glöckchen, es mußte sich für ein Pony halten, oder für ein Percheron, warum nicht. Ich hätte es mit Freuden zertreten, ich verabscheue die Kinder, ich hätte ihm damit übrigens einen Dienst erwiesen, aber ich fürchtete die Repressalien. Alle sind Eltern, das ist es, was einem die

Hoffnung nimmt. Man sollte in den verkehrsreichen Straßen Streifen für diese dreckigen, kleinen Wesen reservieren, für ihre Sportwagen, Laufreifen, Riesenlutscher, Rollschuhe, Rodelschlitten, Opas, Omas, Frolleins, Luftballone und Bälle, kurz für all ihr schmieriges bißchen Glück. Ich stürzte also, und mein Sturz zog den einer alten, mit Pailletten und Spitze bedeckten Dame nach sich, die an die hundert Kilo wiegen mußte. Ihr Gekreisch beschwor im Nu eine Menschenansammlung herauf. Ich hatte die Hoffnung, daß sie sich den Femur gebrochen hätte, die alten Damen brechen sich leicht den Femur, aber nicht leicht genug, nicht leicht genug. Ich nützte die Verwirrung aus, um stiften zu gehen, wobei ich unverständliche Flüche ausstieß, als wäre ich das Opfer gewesen, ich war es auch, aber ich hätte es nicht beweisen können. Die Kinder, die Babys werden nicht gelyncht, was sie auch anstellen mögen, sie sind im voraus freigesprochen. Ich für meinen Teil, ich würde sie herzlich gerne lynchen, ich sage nicht, daß ich handgreiflich werden würde, nein, ich bin nicht gewalttätig, aber ich würde die anderen anfeuern und ihnen eine Runde spendieren, wenn es erledigt wäre. Aber ich hatte meinen Zickzackkurs, bei dem ich nach den Seiten ausschlug, kaum wieder begonnen, als ich von einem zweiten Polizisten angehalten wurde, der dem ersten in allen Punkten und zwar dermaßen glich, daß ich mich fragte, ob es nicht derselbe sei. Er machte mich darauf aufmerksam, daß der Bürgersteig für alle da sei, als wenn es offensichtlich wäre, daß ich dieser Kategorie nicht zugeordnet werden könnte. Wünschen Sie etwa, sagte ich, ohne nur einen Augenblick an Heraklit zu denken, daß ich in die Rinne hinabsteige? Sie können hinabsteigen, wo Sie wollen, aber nehmen Sie nicht allen Platz in Anspruch. Wenn Sie zu schusselig sind, sich wie alle anderen voranzubewegen, sagte er, sollten Sie besser zu Hause bleiben. Es war ganz und gar meine Meinung. Und daß er mir ein Zuhause zutraute, konnte mir nur gefallen. In diesem Augenblick kam ein Leichenzug vorbei, wie das zuweilen vorkommt. Es hob ein großes Hutabnehmen an mit gleichzeitigem Flattern von tausend und aber tausend Fingern. Persönlich würde mir am Herzen liegen, wenn ich zu meinem Unglück genötigt wäre, mich zu bekreuzigen, es korrekt zu tun, Nasenwurzel, Nabel, linke Brust, rechte Brust. Aber sie mit ihren überstürzten, ungenau streifenden Bewegungen sahen wie auf eine Kugel gekreuzigt aus, ohne die mindeste Haltung, die Knie unterm Kinn und die Hände irgendwie. Die Allereifrigsten blieben stehen und gaben ein Gemurmel von sich. Was den Polizisten anbetraf, so erstarrte er mit geschlossenen Augen und der Hand an der Mütze. In den Kutschen des Leichenzuges konnte ich Leute erblicken, die in angeregter Unterhaltung waren, sie beschworen wohl Szenen aus dem Leben des Verstorbenen herauf, oder der Verstorbenen. Ich meine gehört zu haben, das Geschirr des Leichenwagens sei nicht dasselbe in beiden Fällen, aber ich habe nie erfahren können, worin der Unterschied besteht. Die Pferde furzten und schissen, als gingen sie zum Markt. Ich sah niemand auf den Knien.

Aber das geht schnell bei uns, die letzte Reise, man kann seine Schritte noch so sehr beschleunigen, die letzte, für das Personal reservierte Kutsche hängt einen ab, Ende der Pause, die Leute leben wieder auf, jetzt heißt es wieder aufpassen. So sehr, daß ich zum dritten Male, diesmal aus freien Stücken anhielt und eine Kutsche nahm. Die Kutschen, die ich gerade vollgeladen mit angeregt diskutierenden Leuten hatte vorbeifahren sehen, mußten einen großen Eindruck auf mich gemacht haben. Es ist ein großer, schwarzer Kasten, der auf seinen Federn hin- und herwippt, die Fenster sind klein, man kauert sich in eine Ecke, es riecht muffig. Ich spürte, wie mein Hut die Decke streifte. Wenig später beugte ich mich nach vorn und zog die Scheiben hoch. Dann nahm ich meinen Platz wieder ein, mit dem Rücken zur Fahrtrichtung. Ich war gerade im Begriff einzuschlummern, als eine Stimme mich aufschreckte, die des Kutschers. Er hatte den Schlag geöffnet, weil er wahrscheinlich verzweifelt versucht hatte, sich durch die

Scheibe verständlich zu machen. Ich sah nur seinen Schnurrbart. Wohin? sagte er. Er war eigens vom Bock heruntergestiegen, um mir das zu sagen, mir, der schon glaubte, weit weg zu sein! Ich dachte nach und suchte in meinem Gedächtnis den Namen einer Straße oder eines Monuments. Ist Ihre Kutsche zu verkaufen? sagte ich. Ich fügte hinzu, Ohne das Pferd. Was sollte ich mit einem Pferd anfangen? Was sollte ich denn mit einer Kutsche anfangen? Würde ich mich wenigstens darin ausstrecken können? Wer würde mir zu essen bringen? Zum Zoo, sagte ich. Hauptstädte ohne Zoo sind selten. Ich fügte hinzu, Fahren Sie nicht zu schnell. Er lachte. Die Idee, daß er zu schnell zum Zoo fahren könnte, amüsierte ihn wohl. Es sei denn, daß es die Aussicht darauf war, ohne Kutsche zu sein. Es sei denn, daß nur ich, meine Person es war, deren Anwesenheit in der Kutsche ihn so verwandeln mußte, daß er sich bei meinem Anblick, den Kopf im Dunkel des Wagendaches und die Knie an der Scheibe, vielleicht gefragt hatte, ob es wirklich seine Kutsche wäre, ob es wirklich eine Kutsche wäre. Er schaut schnell nach dem Pferd und überzeugt sich. Aber weiß man selbst überhaupt, warum man lacht? Sein Lachen war jedenfalls kurz, so daß es mich nicht zu betreffen schien. Er klappte den Schlag zu und stieg wieder auf den Bock. Kurze Zeit darauf legte das Pferd sich in die Siele.

Aber ja, ich hatte noch etwas Geld in jener Zeit. Die geringe Summe, die mein Vater mir hinterlassen hatte, als Geschenk, ohne Auflagen, bei seinem Tode, ich frage mich noch, ob man sie mir nicht gestohlen hat. Danach hatte ich keines mehr. Mein Leben ging nichtsdestoweniger weiter, sogar so, wie ich es mir gedacht hatte, bis auf einen gewissen Punkt. Der große Nachteil dieses Zustandes, den man als die absolute Unmöglichkeit zu kaufen bezeichnen könnte, ist, daß er einen zwingt, sich zu bewegen. Es kommt, zum Beispiel, wenn man ganz ohne Geld ist, selten vor, daß man sich Essen bringen lassen kann, von Zeit zu Zeit, in sein Versteck. Man ist also gezwungen, hinauszugehen und sich zu bewegen, mindestens einen Tag pro Woche. Man hat ja kaum eine Adresse unter diesen Umständen, zwangsläufig. Ich erfuhr infolgedessen mit einer gewissen Verspätung, daß man mich suchte, wegen einer mich betreffenden Angelegenheit. Ich weiß nicht, auf welchem Wege. Ich las keine Zeitungen und kann mich auch nicht mehr daran erinnern, mit irgend jemandem während dieser Jahre gesprochen zu haben, außer vielleicht drei- oder viermal, wegen eines Nahrungsproblems. Kurzum, ich muß auf die eine oder andere Weise Wind von der Sache bekommen haben, sonst hätte ich mich nie beim Notar Nidder vorgestellt, komisch, daß man gewisse Namen nicht vergessen kann, und er hätte mich nie empfangen. Er stellte meine Identität fest. Das dauerte eine Weile. Ich zeigte ihm meine Blechinitialen im Innern meines Hutes, sie bewiesen nichts, aber sie stützten die Wahrscheinlichkeit. Unterschreiben, sagte er. Er spielte mit einem runden Lineal, mit dem man einen Ochsen hätte erschlagen können. Nachzählen, sagte er. Eine vielleicht käufliche junge Frau wohnte diesem Gespräch bei, wahrscheinlich als Zeugin. Ich stopfte das Bündel in meine Tasche. Das sollten Sie nicht tun, sagte er. Ich dachte darüber nach, daß er mich zum Nachzählen hätte auffordern können, bevor er mich unterschreiben ließ, das wäre korrekter gewesen. Wo kann ich Sie erreichen, sagte er, gegebenenfalls? Unten an der Treppe dachte ich an etwas. Kurz darauf stieg ich wieder hinauf, um ihn zu fragen, woher ich dieses Geld bekommen hätte, wobei ich hinzufügte, daß ich das Recht hätte, es zu erfahren. Er nannte mir einen Frauennamen, den ich vergessen habe. Vielleicht hatte sie mich in ihren Schoß gelegt, als ich noch in den Windeln steckte, und ich hatte vielleicht mit ihr geschmust. Das genügt manchmal. Ich betone in den Windeln, denn später wäre es zu spät gewesen, zum Schmusen. Dank diesem Geld hatte ich nun also noch ein wenig. Sehr wenig. Geteilt durch mein zukünftiges Leben, existierte es gar nicht, es sei denn, daß meine Vermutungen ungebührlich pessimistisch wären. Ich klopfte an die Wagenwand, neben meinem Hut, genau gegen den Rücken des Kutschers, wenn ich recht kalkuliert hatte. Eine dichte Staubwolke erhob sich aus der Polsterung. Ich nahm einen Stein aus meiner Tasche und klopfte mit dem Stein, bis die Kutsche anhielt. Ich merkte, daß es zu keiner Verlangsamung kam, so wie sie sich bei den meisten Wagen einstellt, bevor sie stehenbleiben. Nein, wir hielten auf der Stelle an. Ich wartete. Die Kutsche zitterte. Der Kutscher auf seinem hohen Bock lauschte sicherlich. Ich sah das Pferd wie mit meinen fleischlichen Augen. Es war nicht in sich zusammengesunken wie gewöhnlich bei jedem kurzen Halt, es blieb aufmerksam, mit gespitzten Ohren. Ich blickte durchs Fenster, wir waren wieder in Fahrt. Ich schlug wieder gegen die Wand, bis die Kutsche wieder anhielt. Der Kutscher kletterte fluchend vom Bock. Ich schob die Scheibe herunter, damit er nicht auf den Gedanken käme, den Schlag zu öffnen. Schneller, schneller. Er war noch röter im Gesicht, sozusagen violett. Der Zorn oder der Fahrtwind. Ich sagte ihm, daß ich ihn für den ganzen Tag in Dienst nähme. Er antwortete, daß er um drei Uhr eine Beerdigung hätte. Ach, diese Toten. Ich sagte ihm, daß ich nicht mehr zum Zoo fahren wolle. Fahren wir nicht mehr zum Zoo, sagte ich. Er antwortete, daß es ihm einerlei sei, wo wir hinführen, unter der Bedingung, daß es nicht zu weit wäre, wegen seines Tieres. Und da redet man über die Genauigkeit der Sprache der Primitiven. Ich fragte ihn, ob er ein Restaurant kenne. Ich fügte hinzu, Sie essen mit mir. Ich bin lieber mit einem Stammgast in solchen Lokalen. Es stand da ein langer Tisch, flankiert von zwei Bänken, die genauso lang waren. Über den Tisch erzählte er mir von seinem Leben, von seiner Frau, von seinem Tier, dann wieder von seinem Leben, von dem grausamen Leben, das er hatte, vor allem wegen seines Charakters. Er fragte mich, ob mir klar sei, was es bedeutet, immer draußen zu sein, bei Wind und Wetter. Ich erfuhr, daß es noch Kutscher gab, die den ganzen Tag schön im Warmen in ihren parkenden Kutschen verbrachten, wo sie darauf warteten, daß der Fahrgast sie wachrüttele. Das sei ehemals möglich gewesen, heute müsse man anders verfahren, wenn man zurechtkommen wolle, am Ende seiner Tage. Ich schilderte ihm meine Lage, was ich verloren hatte und was ich suchte. Wir taten beide unser Mögliches, um zu begreifen, um zu erklären. Er begriff, daß ich mein Zimmer verloren hatte, und daß ich ein anderes brauchte, aber alles übrige entging ihm. Er hatte sich in den Kopf gesetzt, aus dem es nichts mehr herausbringen könnte, daß ich auf der Suche nach einem möblierten Zimmer wäre. Aus seiner Tasche zog er eine Abendzeitung vom Vorabend oder vielleicht vom Abend davor, und er machte sich zur Aufgabe, die Anzeigen durchzusehen, von denen er fünf oder sechs mit einem winzigen Bleistift, demselben, der über den zukünftigen Siegerpferden zitterte, unterstrich. Er unterstrich wahrscheinlich solche, die er unterstrichen hätte, wenn er an meiner Stelle gewesen wäre, oder vielleicht solche, die auf dasselbe Viertel verwiesen, wegen seines Tieres. Ich hätte ihn nur in Verwirrung gebracht, wenn ich gesagt hätte, daß ich als Möbel in meinem Zimmer nur das Bett dulden würde und daß alles andere, sogar der Nachttisch, herausgestellt werden müßte, bevor ich einwilligen würde, einen Fuß da hineinzusetzen. Gegen drei Uhr weckten wir das Pferd und machten uns wieder auf den Weg. Der Kutscher schlug mir vor, auf den Bock zu steigen, an seine Seite, aber seit geraumer Zeit sehnte ich mich schon nach dem Innern der Kutsche, und ich nahm meinen Platz darin wieder ein. Wir besuchten nacheinander, ich hoffe methodisch, die Adressen, die er unterstrichen hatte. Der kurze Wintertag neigte sich seinem Ende zu. Es scheint mir manchmal, dies wären die einzigen Tage, die ich erlebt habe, und vor allem der überaus entzückende Augenblick, der ihrem nächtlichen Verfall vorangeht. Die Adressen, die er unterstrichen oder vielmehr angekreuzt hatte, wie die einfachen Leute es tun, bezeichnete er mit einem diagonalen Strich, sofern sie sich als schlecht erwiesen. Er zeigte mir später die Zeitung und redete mir dabei zu, sie nicht aus der Hand zu legen, damit ich sicher sein könne, nicht von neuem da zu suchen, wo ich schon vergebens gesucht hätte. Trotz den geschlossenen Fenstern, der knirschenden Kutsche und den Geräuschen des Verkehrs hörte ich, wie er sang, ganz allein da oben auf seinem hohen Bock. Er hatte mich einer Beerdigung vorgezogen, das war eine Tat, die ewig dauern würde. Er sang, *Sie ist fern von dem Land, wo ihr junger Held schläft*, das sind die einzigen Worte, an die ich mich erinnere. Bei jedem Halt stieg er von seinem Bock herunter und half mir dann beim Aussteigen. Ich klingelte an der Tür, die er mir zeigte, und manchmal verschwand ich ins Innere des Hauses. Es kam mir ganz komisch vor, ich erinnere mich daran, von neuem ein Haus um mich herum zu fühlen, nach so langer Zeit. Er erwartete mich auf dem Bürgersteig und half mir beim Einsteigen in die Kutsche. Ich fing an, die Nase voll zu haben von diesem Kutscher. Er kletterte wieder auf seinen Bock, und wir fuhren weiter. Auf einmal geschah folgendes. Er hielt an. Ich schüttelte meine erstarrten Glieder und schickte mich an auszusteigen. Aber er kam nicht, um den Schlag zu öffnen und mir den Arm zu reichen, so daß ich genötigt war, ganz allein auszusteigen. Er zündete die Laternen an. Ich liebe die Petroleumlampen, obwohl sie neben den Kerzen, und von den Sternen abgesehen, die ersten Lichter sind, die ich erlebt habe. Ich fragte ihn, ob ich die zweite Laterne anzünden dürfe, da er die erste schon selbst angezündet hatte. Er gab mir seine Streichholzschachtel, ich öffnete das kleine, vorgewölbte, mit Scharnieren versehene Fensterchen, zündete an und schloß es sofort wieder, damit der Docht ruhig und hell, warm und windgeschützt in seinem kleinen Haus brannte. Diese Freude wurde mir zuteil. Wir sahen nichts im Licht dieser Laternen, außer den undeutlichen Umrissen des Pferdes, aber die anderen sahen sie von weitem, zwei langsam in der Luft schwebende, gelbe Scheiben. Wenn das Gespann die Richtung änderte, sah man ein Auge, rot oder grün, je nachdem, eine vorgewölbte, wie in einer Glasmalerei grell glänzende Raute.

Nach der Überprüfung der letzten Adresse schlug der Kutscher mir vor, mich in einem ihm bekannten Hotel vorzustellen, wo ich gut aufgehoben wäre. Das klingt echt, Kutscher, Hotel, das klingt wahrscheinlich. Von ihm empfohlen, würde es mir an nichts mangeln. Bequem in jeder Beziehung, sagte er, mit den Augen zwinkernd. Ich verlege diese Unterhaltung auf den Bürgersteig vor dem Haus, aus dem ich gerade gekommen war. Ich erinnere mich daran, unter der Laterne die hohle, etwas feuchte Flanke des Pferdes und auf der Klinke des Wagenschlags die Hand des Kutschers in einem wollenen Handschuh. Ich überragte mit meinem ganzen Kopf das Dach der Kutsche. Ich schlug ihm vor, zusammen ein Glas zu heben. Das Pferd hatte den ganzen Tag nichts gesoffen und nichts gefressen. Ich machte den Kutscher darauf aufmerksam, der mir antwortete, sein Pferd würde sich erst nach seiner Rückkehr in den Stall stärken. Wenn es das Geringste, und sei es auch nur ein Apfel oder ein Stück Zucker, während der Arbeit zu sich nähme, würde es Bauchweh und Koliken bekommen, die es am Weitergehen hindern und sogar töten könnten. Darum war er gezwungen, ihm mit einem Riemen das Maul festzubinden, sobald er es aus dem einen oder anderen Grunde aus den Augen lassen mußte, damit es nicht unter der Gutmütigkeit der Passanten zu leiden hätte. Nach einigen Gläsern bat der Kutscher mich, ihnen, ihm und seiner Frau, die Ehre zu erweisen, die Nacht bei ihnen zu verbringen. Es war nicht weit. Wenn ich jetzt, da mir der berühmte nötige Abstand zugute kommt, darüber nachdenke, glaube ich, daß er an jenem Tage nur um seine Wohnung herumgefahren ist. Sie wohnten über einem Schuppen, hinten in einem Hof. Sehr hübsche Lage, ich hätte mich damit begnügt. Nachdem er mich seiner Frau vorgestellt hatte, die einen außerordentlich dicken Hintern hatte, verließ er uns. Ihr war so allein mit mir nicht wohl zumute, das sah man. Ich verstand sie, ich geniere mich nicht in solchen Fällen. Es gibt keinen Grund, Schluß zu machen oder weiterzumachen. Also Schluß damit. Ich sagte, daß ich in den Schuppen hinuntergehen und mich schlafen legen würde. Der Kutscher protestierte. Ich bestand darauf. Er lenkte die Aufmerksamkeit seiner Frau auf eine Pustel, die ich oben auf dem Schädel hatte, denn ich hatte meinen Hut abgenommen, aus Schicklichkeit. Müßte er wegmachen lassen, sagte sie. Der Kutscher nannte mir einen Arzt, den er überaus schätzte, und der ihn von einer Verhärtung am Gesäß befreit hatte. Wenn er im Schuppen schlafen will, sagte die Frau, soll er im Schuppen schlafen. Der Kutscher nahm die Lampe vom Tisch und ging mir voran die Treppe hinunter, die zum Schuppen führte, es war vielmehr eine Leiter, seine Frau ließ er im Dunkeln. Er breitete in einer Ecke am Boden auf Stroh eine Pferdedecke aus und hinterließ mir eine Streichholzschachtel für den Fall, daß ich es nötig hätte, in der Nacht klar zu sehen. Ich erinnere mich nicht daran, was das Pferd während dieser Zeit getan hat. In der Dunkelheit ausgestreckt, hörte ich das Geräusch, das es beim Saufen machte, es ist ganz eigenartig, die plötzlichen Galoppaden der Ratten und über mir die gedämpften Stimmen des Kutschers und seiner Frau, die dabei waren, mich zu kritisieren. Ich hielt die Streichholzschachtel in der Hand, eine große schwedische Schachtel. Ich stand in der Nacht auf und machte ein Streichholz an. Seine kurze Flamme gestattete mir, die Kutsche ausfindig zu machen. Ich bekam und verlor dann wieder die Lust, den Schuppen in Brand zu stecken. Ich fand die Kutsche in der Finsternis, ich öffnete den Schlag, Ratten sprangen heraus, ich stieg hinein. Beim Platz nehmen merkte ich sofort, daß die Kutsche nicht mehr waagerecht stand, zwangsläufig, da die Deichsel auf dem Boden lag. Es war besser so, es gestattete mir, mich richtig hinzuhauen, und die Füße, höher als den Kopf auf die andere Bank zu legen. Mehrmals im Laufe der Nacht spürte ich das Pferd, das mich durchs Fenster anschaute, und den Atem aus seinen Nüstern. Ausgeschirrt mußte ihm meine Anwesenheit in der Kutsche sonderbar vorkommen. Mir war kalt, da ich vergessen hatte, die Decke mitzunehmen, aber noch nicht kalt genug, um sie holen zu können. Durch das Fenster der Kutsche sah ich das Schuppenfenster immer besser. Ich stieg aus der Kutsche. Es war nicht mehr so dunkel in dem Schuppen, ich konnte die Futterkrippe erkennen, die Heuleiter, das aufgehängte Zaumzeug, was noch, Eimer und Bürsten. Ich ging zur Tür, konnte sie aber nicht öffnen. Das Pferd schaute mir nach. Schlafen sie eigentlich nie, die Pferde? Mir schien, daß der Kutscher es hätte anbinden müssen, an der Futterkrippe zum Beispiel. Ich war also gezwungen, durch das Fenster auszusteigen. Es war nicht leicht. Aber was ist leicht? Ich steckte zuerst meinen Kopf hindurch, meine

Hände lagen flach auf dem Boden des Hofes, als meine Hüften sich noch im Fensterrahmen eingezwängt drehten und wanden. Ich erinnere mich an die Grasbüschel, an denen ich mit beiden Händen zog, um mich herauszureißen. Ich hätte meinen Mantel ausziehen und durchs Fenster werfen sollen, aber daran hätte ich eher denken müssen. Als ich den Hof kaum verlassen hatte, dachte ich an etwas. Die Müdigkeit. Ich steckte einen Geldschein in die Streichholzschachtel, ich ging wieder in den Hof und legte die Schachtel auf die Fensterbank, über die ich soeben hinausgerutscht war. Das Pferd stand am Fenster. Nach ein paar Schritten auf der Straße kehrte ich jedoch wieder in den Hof zurück und nahm meinen Geldschein wieder an mich. Die Streichhölzer ließ ich liegen, sie gehörten mir nicht. Das Pferd stand immer noch am Fenster. Ich hatte die Nase voll von diesem Pferd. Die Dämmerung hatte kaum begonnen. Ich wußte nicht, wo ich war. Ich ging blindlings gen Osten, um so bald wie möglich ins Helle zu kommen. Ich hätte einen Meeres- oder Wüstenhorizont gewünscht. Wenn ich draußen bin, morgens, gehe ich der Sonne entgegen, und abends, wenn ich draußen bin, folge ich ihr, bis in die Welt der Toten. Ich weiß nicht, warum ich diese Geschichte erzählt habe. Ich hätte ebensogut eine andere erzählen können. Ein andermal werde ich vielleicht eine andere erzählen können. Wie sehr sie sich gleichen, das werdet ihr sehen, ihr lebenden Seelen.